INTRA DEPEN DEN CIA

Marcela Cuevas

INTRA DEPEN DEN CIA

Vive y deja de sobrevivir

AGUILAR

El papel utilizado para la impresión de este libro ha sido fabricado a partir de madera
procedente de bosques y plantaciones gestionadas con los más altos estándares ambientales,
garantizando una explotación de los recursos sostenible con el medio ambiente y beneficiosa para las personas.

Intradependencia
Vive y deja de sobrevivir

Primera edición: octubre, 2024

D. R. © 2024, Marcela Cuevas

D. R. © 2024, derechos de edición mundiales en lengua castellana:
Penguin Random House Grupo Editorial, S. A. de C. V.
Blvd. Miguel de Cervantes Saavedra núm. 301, 1er piso,
colonia Granada, alcaldía Miguel Hidalgo, C. P. 11520,
Ciudad de México

penguinlibros.com

Penguin Random House Grupo Editorial apoya la protección del *copyright*.
El *copyright* estimula la creatividad, defiende la diversidad en el ámbito de las ideas y el conocimiento,
promueve la libre expresión y favorece una cultura viva. Gracias por comprar una edición autorizada
de este libro y por respetar las leyes del Derecho de Autor y *copyright*. Al hacerlo está respaldando a los autores
y permitiendo que PRHGE continúe publicando libros para todos los lectores.

Queda prohibido bajo las sanciones establecidas por las leyes escanear, reproducir total o parcialmente esta obra
por cualquier medio o procedimiento así como la distribución de ejemplares
mediante alquiler o préstamo público sin previa autorización.
Si necesita fotocopiar o escanear algún fragmento de esta obra diríjase a CemPro
(Centro Mexicano de Protección y Fomento de los Derechos de Autor, https://cempro.com.mx).

ISBN: 978-607-384-993-7

Impreso en México – *Printed in Mexico*

Índice

Prólogo 9

Introducción 17

Capítulo 1. Individualidad 49

Capítulo 2. Necesidad afectiva 85

Capítulo 3. Toma de conciencia 115

Capítulo 4. Resignificación 137

Capítulo 5. Acción 163

Conclusión 193

Prólogo

Cada vida está entrelazada con hilos de experiencias que moldean nuestra forma de ser. Mis experiencias, especialmente en la infancia y en mi desarrollo temprano, me llevaron a vivir desde la dependencia emocional durante la mayor parte de mi vida. Por mucho tiempo pensé que esto era una manera normal de vivir y de relacionarme con los demás. Creía que las relaciones tormentosas y problemáticas eran una señal de que había un amor profundo de por medio. No fue hasta más adelante, cuando empecé a estudiar psicología —primero de modo informal, y luego como una carrera académica y profesional—, que me di cuenta de que existen otras posibilidades. Hoy quiero compartir mi propia historia de dependencia emocional.

INTRADEPENDENCIA

Crecí en la Ciudad de México, en una familia "típica", fui la tercera de cuatro hermanos. Hacia afuera todo parecía normal, pero la realidad es que mi infancia estuvo marcada por la lucha constante por encontrar estabilidad en un mundo impredecible. La vida dentro de la casa de mi familia era complicada, en gran parte por el alcoholismo de mi padre, que lo volvía volátil. Hoy entiendo que tenía una enfermedad, pero en ese entonces no se hablaba del abuso de sustancias y el alcohol estaba incluso más normalizado de lo que lo está el día de hoy. Mi madre hizo lo que pudo para lidiar con la enfermedad de mi papá y tratar de darles seguridad a sus cuatro hijos, pero existían muy pocos recursos para buscar ayuda. A partir de esto, mi madre trataba de controlar su entorno.

Aprendí desde muy chica a interpretar los estados de ánimo de mis padres para anticipar sus reacciones. Desarrollé una hipervigilancia constante, preocupándome por complacer y evitar cualquier cosa que pudiera causar enojo o displacer a mis papás. Esta constante sensación de amenaza por perder su afecto me llevó a esforzarme por ganar su cariño, anhelando su atención, protección y amor. Aprendí a lidiar con la imprevisibilidad buscando control en lo que podía, buscando amor y estabilidad en un entorno que parecía estar siempre al borde del caos. Comentarios aparentemente inocentes, como ser llamada "adoptada" por mis hermanos o la ausencia de fotos de mi infancia, sembraron dudas sobre mi lugar en la familia. Estas experiencias alimentaron mi sensación de soledad y de no encajar, generando una búsqueda constante de amor y validación por fuera.

Cuando entré en la adolescencia, mi vida social se convirtió en un refugio donde me sentía halagada, deseada y amada. Esta sensación se convirtió en algo de lo que dependía profundamente para sentirme bien. Por miedo a perder la aprobación y admiración de los demás, desarrollé un "falso yo" que presentaba al mundo exterior para obtener amor, pertenencia y aceptación.

Esta búsqueda constante de validación afectó mi seguridad, autoestima y sensación de normalidad. Con el tiempo, influyó en mis elecciones de pareja, llevándome a repetir patrones que aprendí en la infancia. Buscaba relaciones que replicaban la distancia emocional, la inestabilidad y la falta de reciprocidad que había experimentado en mi entorno familiar. Yo no tenía la capacidad de identificar las señales de advertencia evidentes para otros: la falta de interés genuino, el egocentrismo y la inconsistencia emocional. Para mí, aquello que para otros era una señal de alarma se había convertido en algo familiar. Las repeticiones de patrones generacionales, las heridas que uno inflige inconscientemente a sus seres queridos, se convierten en un ciclo de dolor y destrucción; yo estaba atrapada en un ciclo autodestructivo, incapaz de reconocer el maltrato emocional y la falta de compromiso en mis relaciones.

Con el tiempo, el camino de mi vida me llevó a acercarme a la psicología. Mi intención inicial era ayudar a los demás y comprender mejor el comportamiento humano, pero pronto me di cuenta de que no podía ayudar a otros si yo misma estaba rota por dentro. Entendí que la única manera de ayudar verdaderamente era empezando por mí: reconocer mis necesidades, buscar respuestas a mi dolor, comprender mi propio malestar. Después de años de estudios y trabajo personal, comencé a ver que la solución no estaba afuera, sino dentro de mí.

A través de esta transformación personal, logré ver mi infancia con otros ojos. Comprendí que mis padres estaban librando sus propias batallas, que hacían lo mejor que podían desde sus propias limitaciones. Este cambio de enfoque fue fundamental. Durante mucho tiempo, estuve tan enfocada en lo externo que no miraba hacia adentro, culpaba a las circunstancias externas por mi malestar. Me percaté de mi participación en todo esto, cómo mi comportamiento había impactado a mis seres queridos y a mis relaciones. Asumir mi responsabilidad me otorgó poder para transformar mi realidad. Aceptar que dentro de esa ecuación tenía la oportunidad de cambiar y de moverme hacia resultados diferentes fue un giro fundamental. Aunque no ha sido fácil, aceptar mi realidad dolorosa me llevó a ver la verdad.

Me di cuenta de que mi mente, moldeada por años de distorsión para hacer la realidad más digerible, me llevó a fantasías sobre encontrar la felicidad en el exterior, a creer que solo alguien o algo podía llenar el vacío dentro de mí. El verdadero reto fue reconocer esa creencia arraigada de que el otro me brindaría lo que anhelaba. Mi mente distorsionaba la realidad para sobrevivir, creando expectativas irreales y alimentando una dependencia que solo causaba ansiedad y depresión. Reconocer mi situación, ver la verdad tal como es, fue el primer paso hacia la libertad emocional.

Hoy miro hacia atrás y reconozco cómo las creencias y acciones que me definieron durante tanto tiempo están arraigadas a nivel inconsciente y en las experiencias y el instinto de supervivencia que marcaron mi pasado. Aprender a anclarme en la realidad presente ha sido esencial para construir la vida que deseo. La fantasía, en mi experiencia, solo ha llevado a una insatisfacción constante y a una sensación agotadora de insuficiencia. Al reconocerme, al hacerme cargo de mi propia realidad y al dejar de aferrarme a ideas inflexibles, he descubierto mi verdadero poder. He aprendido a acceder a él cuando lo necesito.

Ahora puedo sentirme completa con lo que soy y con lo que he logrado hasta hoy, sin que la falta tenga un impacto desmedido en mi vida. Tengo mucho amor para dar, pero la clave está en encontrar satisfacción de formas que no dependan de nadie ni de nada más.

Como experta en psicoterapia y psicoanálisis, he trabajado con muchas personas que vivían desde la dependencia y el apego, que querían transformar su manera de relacionarse con los demás, compartiendo lo que he aprendido desde mi experiencia personal y mis estudios profesionales. Les he proporcionado conocimiento y herramientas, muchos de los que verás aquí, para ayudarles en su camino a la intradependencia y a reforzar la autoestima. La metodología que presento en este libro te ayudará a reconocer tus comportamientos dependientes, entender de dónde vienen y así alcanzar la intradependencia. Espero que estas páginas sirvan como guía para aquellos que quieren descubrir su propio poder para vivir plenamente.

Introducción

Somos seres dependientes por naturaleza. Desde que nacemos y a lo largo de la infancia, dependemos de alguien que nos provea de todo, no solo de nuestras necesidades físicas, sino también de afecto y atención. Sin embargo, es común que nuestros cuidadores primarios —sean padre y madre o alguien más— no sean capaces de cubrir todas esas necesidades. A veces, incluso teniendo a nuestros padres cerca físicamente, no están disponibles afectivamente. Esto puede causar traumas profundos que, de manera inconsciente, intentamos resolver y superar en las relaciones que establecemos más adelante en la vida. Estas relaciones, que nacen por carencia, suelen ser de dependencia, sin importar que sean de pareja, amigos o incluso con nuestros propios hijos.

Nos volvemos dependientes de alguien o de algo para obtener lo que necesitamos. Los dependientes emocionalmente tienden a buscar parejas con características similares a las de sus proveedores originales. Si sus padres eran distantes, fríos, indiferentes, o los hacían sentir que no eran lo suficientemente buenos para ser amados y recibir atención, terminan buscando inconscientemente relaciones con personas con esas mismas características, donde se replica el patrón relacional. Buscan reparar ese trauma original reproduciendo las mismas dinámicas que vivieron en sus relaciones más importantes y se sienten cómodos con esas características y patrones porque les son familiares.

Así, una persona con dependencia emocional es alguien que busca en el otro (este "otro" puede ser una persona, una cosa, una sustancia o hasta una creencia) todo lo que cree necesitar e intenta resolver el trauma original a través de sus relaciones, pero nunca lo logra. Es un círculo vicioso, insaciable e interminable, donde buscan constantemente satisfacer las necesidades y disolver la incomodidad que les provoca sentir sus emociones, la incomodidad de ver la realidad o simplemente estar solos. Estas personas están insatisfechas, saben que algo no va bien y no se sienten suficientes. Buscan relaciones con personas inaccesibles porque en el fondo no se sienten merecedoras de un verdadero amor.

Hay muchas cosas que pueden llevar al desarrollo de esa dependencia, como disfunción familiar, falta de afecto, maltrato, abuso, manipulación o inestabilidad. Por ejemplo, la incertidumbre es común en hogares donde hay adicciones o personas que solo piensan en sí mismas y no tienen la capacidad de ver las necesidades del niño y empatizar con él. Hay muchas teorías que hablan de la importancia de esos primeros años, donde se forma nuestra percepción de nosotros mismos a través de la interacción con otra persona.

Muchos de estos traumas tienen que ver con un miedo profundo al abandono, porque una persona dependiente necesita de la mirada de los demás para validar su sentido de existencia. El sufrimiento surge cuando se enfrenta a situaciones en la vida adulta que activan esos traumas originales a través de disparadores que generan emociones y la llevan a revivir experiencias pasadas. Por ejemplo, si una persona creció con un padre o madre ausente, inconstante e inestable emocionalmente, es probable que haya aprendido a estar siempre alerta y a buscar el control para lidiar con la ansiedad generada por esa falta de estabilidad. Se convertirá en una persona ansiosa e hipervigilante, que quiere anticipar y controlar todo a su alrededor, y aprenderá a leer a las personas y complacerlas para sobrevivir.

INTRADEPENDENCIA

Estas características la acompañan durante su desarrollo, lo que la hace madurar rápidamente y volverse astuta para conseguir lo que necesita. Sin embargo, a pesar de sus estrategias, no logra establecer relaciones asertivas en su vida adulta. Las personas dependientes reproducen esas formas de relacionarse en todas las áreas de su vida. No es algo que hacen conscientemente, tan solo repiten patrones que conocen y normalizan, porque no tienen referencias para ver que hay formas más saludables de relacionarse. Al no lograr disolver su dolor, es común que el dependiente emocional desarrolle otras dependencias. Por esto, algunos pueden empezar adormeciendo su dolor o malestar de manera compulsiva, por ejemplo, con el alcohol, el sexo o las compras, pasando luego al juego u otros. La necesidad del dependiente lo lleva desesperada y compulsivamente a buscar en el exterior la satisfacción de sus necesidades afectivas básicas sin lograr saciarlas y calmar su malestar, habiéndolo intentado en el exterior sin éxito. El problema es que pasan toda la vida buscando solucionar el problema donde no se originó, es decir, en el lugar equivocado. El verdadero origen de mi dolor, malestar y eterna insatisfacción está dentro de mí.

Enfrentarse a la amenaza del abandono es una experiencia que genera mucho sufrimiento; con tal de evitarlo, un dependiente es capaz de sacrificarse para complacer a los demás, pasando por encima de sí mismo. El dependiente emocional tiene dificultad para establecer límites, ya que el miedo al abandono es tan abrumador que no es capaz de ponerlos. A lo largo de su vida, se enfrentará con una serie de miedos y desafíos que están vinculados con experiencias del allá y se reflejan en el aquí y ahora.

El círculo vicioso de la dependencia emocional se rompe cuando logran verse a sí mismos y resignificar las creencias arraigadas formadas en la infancia temprana. Es un proceso muy difícil, porque están tan alertas y pendientes de los demás, de lo que ocurre afuera, que creen que la solución a su malestar se encuentra en el exterior. Piensan: "Si encuentro a alguien con quien compartir mi vida, seré feliz; si obtengo un ascenso en mi trabajo, seré feliz". Se enganchan a una serie de condiciones para encontrar la felicidad y la paz que se encuentran fuera de su control. No se permiten voltearse a ver y descubrir qué les gusta, qué no les gusta, quiénes son en realidad. Se dedican por completo a complacer a los demás, a adaptarse y a poner las necesidades de otros por encima de las suyas, a cumplir con un estándar lejos de su esencia. No tienen una idea clara de su propia identidad, y por eso algunas personas llegan a los cincuenta años buscando cualquier cosa para conectar consigo mismas, porque se han pasado la vida ignorándose y negándose. Por ejemplo, experimentando con drogas, en retiros o cursos, entre otros.

INTRADEPENDENCIA

La cultura del hacer

Aunque la dependencia emocional siempre ha existido, las características de la sociedad actual han hecho que sea cada vez más común. Vivimos en una cultura que prioriza el *hacer* sobre el *ser*; hemos adoptado una mentalidad de sacrificio para pertenecer, obtener aprobación, afecto, amor y reconocimiento a cualquier costo. Las redes sociales juegan un papel destacado en esto: nos imponen estándares irreales y nos exigen seguir ciertas pautas para ser aceptados, pero nada se aleja más de nuestra verdadera esencia que lo que se muestra en las plataformas digitales; no existe esa perfección filtrada. Aun así, gastamos todos nuestros ahorros solo para poder tomarnos la foto para las redes sociales que nos hace parte de una tendencia. Sin embargo, seguimos sintiendo un vacío existencial tremendo, así que seguimos comprando, viajando y persiguiendo experiencias que pensamos que nos van a llenar. Estas inconsistencias nos confrontan con nosotros mismos de manera significativa.

Cuando agregamos a este contexto una carencia en la relación con las figuras primarias —aquellas que no nos vieron, no nos trataron con amor, cariño o comprensión, que fueron severas, exigentes, controladoras, frías, distantes, manipuladoras, agresivas y abusivas—, se crea una fórmula perfecta para una dependencia profunda. Muchos aprenden a verse a través de esa lente distorsionada de la incompletud y la constante necesidad. Así, construirte como persona implica hacer conciencia de tu relación con tus padres o cuidadores que cubrieron tus necesidades afectivas.

La severidad con la que muchas personas se tratan y se juzgan está basada en cómo interpretan las experiencias pasadas, cómo las hicieron sentir. Si las hicieron sentir que no eran suficientes para que las vieran, las escucharan o cubrieran sus necesidades, esa creencia estará arraigada profundamente dentro de su psique y no se sentirán merecedoras, ya que crecieron con la creencia de que tenían que ganarse el amor del otro. Estas creencias están muy internalizadas, por eso es necesario hacer una profunda inmersión para elaborar y resignificar las vivencias de la infancia, poder reconocer nuestra individualidad y hacernos responsables de nosotros mismos.

Aceptamos intentar ser todo lo que el mundo, nuestra sociedad o cualquier otra entidad nos exige, pero no toleramos enfrentarnos a la realidad, a la pregunta: "¿Quién soy yo?". Pero la realidad resulta ser sorprendentemente buena. Es una liberación indescriptible darte cuenta de que no tienes que cumplir las expectativas que crees que tus padres tienen de ti ni lo que se te impone por los parámetros de las redes sociales y de la sociedad en la que creciste. Cuando dejas eso atrás, adquieres un valor y un poder sobre ti y sobre tu vida que nunca has experimentado antes.

En este punto, ya no es tan importante ni te afecta tanto la aprobación o desaprobación de tus padres u otras personas. En su lugar, puedes tomar todas esas referencias maravillosas que tienes en tus buenas amistades, en lo que has aprendido, en tu relación de pareja, en tu hijo adolescente, en lo que has vivido en tu hogar con tus padres y hermanos. Puedes incorporar las experiencias ejemplares en la vida que estás construyendo y dejar de lado lo que no es relevante, sin juzgar, sin maldecir, sin culpar.

La incomodidad es tu mejor maestra

Durante toda mi vida les he repetido a mis hijos una cosa: la incomodidad es el foco rojo más importante, no debes ignorarla. Si sientes incomodidad en cualquier situación, con alguna persona o ante una circunstancia, esa es la señal más clara para salir corriendo en la dirección opuesta, así sea tu familia, un amigo o alguien cercano en quien confías. Pero sucede que nunca nos damos el crédito, el valor, ni la escucha de nuestro propio instinto. Hemos aprendido a ignorarnos en todos los sentidos: nos sentimos agotadas, pero seguimos adelante, nos exigimos hasta lograr lo que creemos que es necesario. No nos permitimos fracasar por miedo al qué dirán: porque mi jefe pensará algo, porque mi amiga se va a sentir mal.

Siempre que nos sentimos incómodas, lo ignoramos y lo normalizamos. ¿En qué momento decidimos no incluirnos en la ecuación de todas las decisiones que tomamos en el día a día? Tomamos muchas decisiones durante el día, ya sean importantes o no tan relevantes, y casi siempre pensamos en todo menos en nosotras mismas. Si un hijo necesita algo y teníamos planeado tomar un café con una amiga, pasamos nuestra propia necesidad y deseos a un segundo plano. El secreto está en encontrar la justa medida donde no pasamos por encima de nosotras, pero cumplimos con nuestras responsabilidades. Así como se forman los caminos neuronales en el cerebro, que hacen que reaccionemos automáticamente y seamos quienes somos, la única forma de cambiar ese modo de reaccionar es poder vernos, reconocernos y practicar nuevas maneras que nos permitan responder en vez de reaccionar mecánicamente.

Mi concepto de felicidad está por completo relacionado con la paz. Hoy en día protejo celosamente esa paz que proviene de mi autorreconocimiento. Ya no me sacrifico, no me pongo por debajo ni por encima de nadie, porque he comprendido que lo que creía que me daría felicidad, por lo cual estaba dispuesta a sacrificarme tanto, no me la dará. La felicidad reside en mí, en mi capacidad de cuidar lo que es importante para mí y atreverme a ser quien realmente soy. No hay nadie en este mundo que se parezca a mí: soy única y ahí reside mi poder. Si abrazo mi autenticidad, ya nada es amenazante porque tengo todo lo que necesito. Puedo construir mi vida a mi ritmo y de la manera que desee.

En la actualidad, es común hablar de empoderamiento y de la importancia de empoderar a las personas. Yo creo firmemente que todos nacemos con un poder desmesurado, una fuerza interior innegable. El problema es que no sabemos cómo acceder a ese poder. Lo llevamos dentro de nosotros en su totalidad, pero no tenemos ni la más mínima idea de cómo llegar a él.

Cuando logramos el trabajo interior para llegar a este poder, empezamos a comprender que no necesitamos tener siempre la razón, no tenemos que ganar en cada discusión y ya no nos interesa convencer a nadie ni justificarnos. Buscar reconocimiento, aceptación, pertenencia y amor ya no será la prioridad, porque llegamos a un punto en el que nos reconocemos y validamos a nosotras mismas. A veces mis pacientes me dicen: "¿Sabes?, siento que es una tontería", y yo les respondo: "Con que tú lo sientas, se convierte en lo más importante". Eso es lo que quiero transmitir en este libro: que lo más importante es escucharte a *ti*, lo que quieres y lo que sientes, y que le des prioridad.

Hay personas hipersensibles que hacen un gran esfuerzo por sobrevivir en esta jungla, porque se ven profundamente afectadas por todo. Pero si te validas a ti misma, si te priorizas y te tomas en cuenta, si te consideras y te das gusto, lo demás deja de importar. Me he encontrado con muchos pacientes que no tienen idea de cómo darse gusto o apapacharse; no podemos subestimar la importancia de conocernos.

Seguramente has escuchado mil veces que todo está en ti, todo depende de ti, que tú eres la que genera los pensamientos en tu vida, que estos determinan tus emociones, y tus emociones determinan tus acciones. A medida que te enfrentes sin miedo a encontrarte contigo, descubrirás y conocerás quién eres y lograrás hacerte responsable de ti, siendo tu proveedora.

En terapia, muchos pacientes experimentan una catarsis muy fuerte al principio, al expresar por qué están ahí y de dónde viene su sufrimiento. En ese espacio, se sienten contenidos, seguros y que pertenecen; se sienten bien al dedicarse ese tiempo y al tener un espacio donde encuentran una relación segura y alguien que los escuche. Sin embargo, cuando empieza el proceso psicoterapéutico como tal y se tocan las emociones más profundas, muchas veces los pacientes, al contactar con su dolor, dejan la terapia.

Cuando sigues con el trabajo interior y te encuentras con la posibilidad de hacerte responsable de ti misma, experimentas una gran liberación. Cuando te conviertes en víctima, te limitas automáticamente. Al ser una víctima, culpas a los demás por tu situación; te paralizas, imposibilitándote, y te sientes impotente. Pero cuando asumes la responsabilidad por todo lo que te sucede, se abre un inmenso canal de posibilidades en el que puedes actuar, aprender y hacer algo al respecto.

A modo de ejemplo, imagina que estás conduciendo y debes detenerte en un semáforo, pero alguien te golpea por detrás. ¿De quién crees que es la culpa? Parecería que es del otro conductor; hay muchas formas fáciles de culpar. Pero ¿no decidiste tú ese día subir a tu auto y transitar por esa calle? ¿No decidiste frenar en ese semáforo en lugar de pasarlo? Todos tenemos cierta participación en lo que nos sucede. Si te incluyes en esa ecuación una vez más, ¿puedes hacer algo al respecto? ¿Estarás más alerta? También aprendes de la experiencia y evitas volver a usar el teléfono mientras conduces, entre muchas otras acciones posibles. Es lo mismo en las relaciones: si culpas a los demás, te conviertes en víctima de las circunstancias y no puedes hacer nada al respecto, porque no te responsabilizas. Sin embargo, una parte importante para cambiar esto es hacerte responsable de tu participación en lo que te sucede.

Esto puede sonar imposible para un dependiente emocional, porque toda la vida ha sentido que no puede, y por eso necesita el título, la pareja, el automóvil, la casa, las vacaciones, la imagen, el cuerpo. Sin embargo, cuando se da cuenta de que realmente no necesita todo eso, puede crear una obra de arte con lo que sí tiene. Cuando pasa de la dependencia emocional a la intradependencia, adquiere algo muy especial: la libertad y la responsabilidad de sí mismo. Deja de sentir la vida como una amenaza y avanza tranquilamente, logrando construir lo que desea. Cuando alguien llega a su vida, comparte desde la abundancia; no necesita, pero elige compartir lo compartible.

Entender nuestra experiencia

Parte de encontrar esta libertad es aprender a enfrentarnos con las experiencias que más nos marcaron. Explicaré esto con una experiencia personal.

Durante toda mi vida tuve un miedo enorme al hospital. Recuerdo una experiencia de cuando era niña: iba en bicicleta con mi papá y de repente mi pie se enredó en los rayos de la bicicleta y sufrí un corte terrible. Me llevaron al hospital inmediatamente para que me revisaran y un doctor decidió enyesarme.

Era temporada de verano y mi familia y yo nos fuimos de vacaciones a Estados Unidos. Yo estaba con el yeso en el pie y sin poder meterme a la alberca. Cuando llegó el momento de quitarme el yeso, yo no soportaba el dolor y apenas podía caminar. Me decían que dejara de dramatizar y que caminara, pero yo sabía que algo no estaba bien. Cuando finalmente me quitaron el yeso, el olor y la reacción de los médicos fueron impactantes: estuve a punto de sufrir gangrena, la herida estaba destrozada y casi pierdo el pie. Fue una experiencia traumática. A partir de ese momento, cada vez que iba al hospital me mareaba y pedía un algodón con alcohol.

Es curioso cómo de adultos enfrentamos situaciones que nos duelen sin entender por qué; no podemos relacionar nuestras reacciones con experiencias pasadas que están en un nivel inconsciente. Un día me internaron en el hospital porque tenía problemas para respirar y me diagnosticaron asma grave. Me pusieron cortisona por vía intravenosa y estaba aterrada, pensando en mi bebé de cuatro meses que había dejado en casa. El susto fue tremendo, porque necesitaría inhalar algo para poder respirar el resto de mi vida. Sin embargo, empecé a ver las cosas de otra manera.

Aunque no podía hablar, me sentía bien conmigo misma, me sentía muy bien cuidada y pude encontrar aspectos positivos en la experiencia. Vi las muestras de cariño que recibí, me di cuenta de que el oxígeno me estaba ayudando mucho y comprendí que, a pesar de todo, estaba bien. Nada malo iba a suceder, nadie se moriría sin mí, incluso mi bebé de cuatro meses estaba bien sin mí en ese momento. Perdí el miedo al hospital y me percaté de que era un lugar donde me atendían muy bien y donde estaba a salvo.

Desde ahí entendí que algo fundamental para cambiar nuestras relaciones en el presente —ya sea con una persona, una cosa o un lugar, como en mi caso con el hospital— consiste en poder ver y comprender profundamente nuestras experiencias tempranas para darles un giro. Esto es una parte importante de lo que te propondré con esta metodología.

¿Qué es la dependencia emocional?

Antes de comenzar a hablar sobre el método INTRA y los cinco pasos para llegar a la intradependencia es esencial que entendamos qué es la dependencia emocional. ¿Cómo reconocemos nuestra propia dependencia? ¿Cómo reconocemos y aceptamos que nuestra forma de relacionarnos no es la más sana, que hay otras formas de relacionarnos con nuestros hijos, padres, pareja, amigas, colegas y cosas? Hay muchas personas que pasan toda la vida relacionándose desde la dependencia emocional, toleran mucho sufrimiento y piensan que este sufrimiento viene de fuera: porque no han conseguido estar como quisieran, el trabajo o la pareja que quieren, o la situación de vida que necesitan. El paso cero es identificar los patrones de comportamiento y relacionales para entender nuestra propia participación en todo lo que nos sucede.

Desde el psicoanálisis, podemos definir la *dependencia emocional* como un patrón patológico en el cual una persona se relaciona desde el apego y la necesidad como producto de falta. De acuerdo con Freud, esta adicción o dependencia no se trata de la búsqueda de la felicidad, sino de la evitación del displacer. El apego y la necesidad tienen que ver con nuestras experiencias con nuestro padre, madre o cuidadores primarios en la infancia. Todos pasamos por una etapa de dependencia natural durante nuestros primeros años, pero las experiencias que tenemos en esa etapa determinarán la forma en la que nos relacionamos cuando somos adultos.

Para comprender mejor la dependencia emocional, vamos a hablar sobre el caso hipotético de Ana.

Ana es una mujer de 43 años, tiene dos hijos varones y un negocio de joyería. Ana creció con su madre como su cuidadora principal. Sus padres llevaban una relación con mucho conflicto: su padre trataba a su madre de manera muy despectiva e incluso la golpeó en algunas ocasiones, y era muy severo y exigente con Ana y sus hermanos. Su madre tomaba una actitud de sumisión completa y se hacía cargo de todo lo relacionado con la casa. Su padre falleció cuando Ana tenía 14 años y ella tuvo que tomar el rol de madre con sus cuatro hermanos menores, ya que su madre trabajaba todo el día para poder cubrir los gastos de la casa. Desde la muerte de su padre, Ana siempre trató de ser la niña perfecta, la que no molestaba, la que no necesitaba nada. Intuía, aunque no lo entendía del todo, que la situación de su familia era bastante complicada.

En la adultez, las relaciones de Ana tienden a ser complicadas, problemáticas y poco satisfactorias. Ana se divorció del padre de sus dos hijos después de cuatro años de matrimonio. Sus relaciones de pareja siempre le han generado una enorme inseguridad y un miedo a que la engañen o la abandonen. Después de su divorcio, volcó toda su atención a sus dos hijos adolescentes. Ana los ama profundamente y por eso trata de protegerlos de todo. Tiene una tendencia a involucrarse en los aspectos más pequeños de sus vidas: está en contacto constante con las maestras del colegio para asegurarse de que estén bien en la escuela, trata de controlar su vida social e involucrarse en todas sus actividades.

Sus hijos han reaccionado de diferentes formas: uno parece rechazarla por completo, rebelándose contra ella. Ana se ha enterado de varias ocasiones en las que le ha mentido para hacer algo con lo que ella no está de acuerdo y hasta probó el alcohol con sus amigos. Su otro hijo es muy obediente y le gusta que su mamá esté en todo, pero esto ha provocado que haga muy pocas cosas sin la ayuda de ella. La mayoría de sus amigos ya maneja y algunos hasta trabajan, pero él todavía depende de Ana para trasladarse a sus actividades y para tomar cualquier decisión en su día a día.

En el caso de Ana podemos identificar casi todos los síntomas básicos de una persona con dependencia emocional:

- **Autoestima empobrecida.** Ana sufre de una autoestima empobrecida porque nunca fue validada por sus padres. Su madre, por tener múltiples ocupaciones y por no ser accesible emocionalmente para ella; su padre, por su ausencia física y afectiva y su exigencia que la hizo sentir que nunca fue suficiente. Por esto, Ana busca constantemente la validación de los demás, en especial en sus hijos, en quienes persigue una realización y satisfacción personal.
- **Miedo al abandono.** Ana tiene un miedo profundo a quedarse sola, algo que aprendió del comportamiento de su madre en su relación con su padre. Esto se manifestó en sus relaciones de pareja, donde está dispuesta a pasar por encima de sí misma con tal de que no la abandonen. Este miedo ahora está latente en su relación con sus hijos y es la razón por la

que se involucra tanto en sus vidas: cree, inconscientemente, que si la necesitan nunca la abandonarán.

Falta de límites. Cuando era niña, en la dinámica de su familia no había límites ni roles bien definidos. Las necesidades físicas y afectivas de Ana, su madre y sus hermanos nunca estaban aseguradas. Aprendió a vivir con la carencia y a no decir nada, igual que su madre, quien nunca puso límites al maltrato de su papá. Ana repite el mismo patrón: en sus relaciones de pareja acepta un maltrato emocional constante; tampoco pone límites en la relación con sus hijos y está involucrada en todo, incluso las amistades y amores juveniles de sus hijos.

Necesidad de control. Debido a la falta de control que vivió de niña y en su adolescencia, Ana quiere sentirse en control de la vida de sus hijos, y por eso se resiste a que sus hijos tomen sus propias decisiones. Esta necesidad de control está profundamente ligada a su miedo al abandono, pues quiere controlarlos para asegurarse de que siempre la necesiten, porque inconscientemente cree que así nunca la van a dejar.

INTRADEPENDENCIA

Nada de esto se hace de manera consciente. Una persona con dependencia emocional piensa que así son o así deben ser las cosas, pero la realidad es que la dependencia es compleja y le trae muchísimos problemas, no solo en su relación con sus hijos, sino en todos los aspectos de su vida: en su vida familiar, amorosa y profesional, y sobre todo en la relación consigo misma.

Según el *Manual diagnóstico y estadístico de los trastornos mentales* (DSM-5), una persona con trastorno de personalidad por dependencia demuestra una "necesidad dominante y excesiva de que le cuiden, lo que conlleva un comportamiento sumiso y de apego exagerado, y miedo a la separación, que comienza en las primeras etapas de la edad adulta y está presente en diversos contextos".

Según el manual, algunos de los comportamientos típicos de una persona con este trastorno son:

» Le cuesta tomar decisiones cotidianas sin el consejo y la tranquilización excesiva de otras personas.
» Necesita a los demás para asumir responsabilidades en la mayoría de los ámbitos importantes de su vida.
» Tiene dificultad para expresar el desacuerdo con los demás por miedo a perder su apoyo o aprobación.

- » Tiene dificultad para iniciar proyectos o hacer cosas por sí misma (debido a la falta de confianza en el propio juicio o capacidad y no por falta de motivación o energía).
- » Va demasiado lejos para obtener la aceptación y apoyo de los demás, hasta el punto de hacer voluntariamente cosas que le desagradan.
- » Se siente incómoda o indefensa cuando está sola por miedo exagerado a ser incapaz de cuidarse a sí misma.
- » Cuando termina una relación estrecha, busca con urgencia otra relación para que la cuiden y apoyen.
- » Siente una preocupación no realista por miedo a que la abandonen y tenga que cuidar de sí misma.

Como puedes ver, la dependencia emocional es algo que se empieza a manifestar desde los inicios de la adultez y que puede durar toda la vida, pero su raíz en realidad se encuentra mucho más atrás, en las experiencias que tenemos en nuestras relaciones primarias. Por eso, el primer paso para alcanzar la intradependencia es adentrarnos en las experiencias que nos formaron y nos llevaron a relacionarnos desde la necesidad y el apego. Es importante deshacernos de cualquier tipo de vergüenza o juicio por lo vivido en el pasado: no podemos controlar lo que nos sucedió de niños, pero sí podemos tomar ese primer paso de autorreconocimiento y sanación para lograr la intradependencia.

Intradependencia y el método INTRA

Con este libro, quiero ofrecerte una metodología para poder pasar de la dependencia emocional a la intradependencia. Creo que la forma más sana de vivir no es en la *in*dependencia, que muchos intuitivamente piensan es lo opuesto de la dependencia. El prefijo *intra* significa "dentro de" o "en el interior". Así, la intradependencia es depender radicalmente de nosotras mismas, entender que tenemos todas las respuestas y todo lo que necesitamos se encuentra en nuestro interior. Esto no quiere decir que dejemos de compartir con los demás o que no consideremos que las relaciones con otras personas son una parte fundamental y bellísima de la vida, pero la manera en la que mantenemos estas relaciones no es para satisfacer algo, sino con la intención de compartir lo maravilloso que tenemos en nuestro interior con los demás.

Mi intención es ofrecer una metodología que sea una nueva forma de vida, una práctica que puedas ejercitar para dejar de reaccionar mecánicamente. Una vez que tengas las herramientas, es algo que deberás practicar con persistencia si quieres que funcione en serio. El método INTRA te brindará la oportunidad de explorar quién eres en verdad y vivir sin miedo a la realidad, sin importar cuál sea esta. Al asumir la responsabilidad, te liberas de las expectativas impuestas y adquieres un poder que te permite vivir la vida que deseas. El propósito de este libro y del método INTRA es ayudarte a acceder a tu poder, ese poder que radica en la capacidad de reconocerte, darte prioridad, honrar tu unicidad y depender solo de ti. Pero este no es un camino fácil ni rápido; requiere mirarte de frente y estar dispuesta a trabajar en ti misma.

Las siglas INTRA representan los cinco pasos de mi metodología: individualidad, necesidad afectiva, toma de conciencia, resignificación y acción. Así, este libro está dividido en cinco capítulos, uno por cada paso, más una conclusión. Además de la justificación y explicación de cada paso de la metodología, encontrarás ejercicios que realizarás para poner en práctica herramientas basadas en lo que aprendes en cada capítulo. Los ejercicios funcionan de manera progresiva, por lo que es importante que los completes en orden y conforme vayas leyendo el libro.

En el primer capítulo, "Individualidad", abordaremos la importancia de reconocerte como una persona única e irrepetible, y el enorme valor que tu unicidad aporta.

INTRADEPENDENCIA

Para ello, hablaremos sobre la importancia de los primeros años de nuestra vida y la relación con nuestros cuidadores primarios para entender nuestra esencia desde su raíz.

En el segundo capítulo, "Necesidad afectiva", hablaremos sobre las carencias afectivas que pudimos experimentar en esos primeros años y con las que aún cargamos en la vida adulta. Reconocer nuestra relación con nuestras propias necesidades nos ayuda a identificar lo que hacemos para tratar de conseguir ese afecto y llenar un vacío a partir del reconocimiento de los demás, las relaciones y los logros.

En el tercer capítulo, "Toma de conciencia", identificaremos las creencias arraigadas que nos llevan a los comportamientos y relaciones que identificamos en los primeros capítulos, así como los comportamientos que tenemos que se basan en la dependencia. Este capítulo nos ayudará a entender que lo que necesitamos y hemos estado buscando afuera, en el otro, realmente solo nos lo podemos dar nosotras mismas. Identificar esto nos lleva al siguiente capítulo.

En "Resignificación" hablaremos sobre la importancia de reacomodar y cuestionar esas creencias que vienen de la sociedad o nuestra familia, de lo que debemos ser, de cómo tiene que ser una relación o qué debemos hacer. La resignificación sirve para deshacernos de las ideas que no nos suman para así crear nuestras propias definiciones y poder vivir bajo nuestros propios términos. Esto nos llevará a vivir desde la abundancia y el verdadero amor.

Finalmente, en "Acción" hablaremos sobre estrategias específicas para practicar la intradependencia. Si bien los primeros cuatro pasos establecen la base para esta nueva forma de vida, es algo que debemos practicar día con día para poder realmente mejorar nuestra manera de relacionarnos con nosotras mismas y con los demás. El último capítulo te enseñará estrategias para no volver a caer en patrones de autodestrucción y autoboicot, para vivir una vida más plena y libre, con acceso a tu poder, compartiendo tu paz y completud con los demás.

Herramienta
Quiz para diagnóstico del comportamiento dependiente

Este cuestionario te permitirá identificar patrones de comportamiento asociados con la dependencia emocional. Consta de una serie de preguntas diseñadas para explorar actitudes, emociones y comportamientos típicos del dependiente emocional. Esta herramienta te ayudará a identificar algunos de tus patrones para después analizarlos a través de la metodología INTRA. Es importante que respondas a cada pregunta con sinceridad, eligiendo la opción que mejor describe tus pensamientos, sentimientos o comportamientos habituales.

1. Me cuesta trabajo mantener mis propios intereses y actividades separadas de mi pareja o familia.
- ☐ Totalmente de acuerdo
- ☐ De acuerdo
- ☐ Neutral
- ☐ En desacuerdo
- ☐ Totalmente en desacuerdo

2. Me siento muy ansiosa o incómoda cuando no tengo acceso a aquello que siento que me calma (pareja, hijos, drogas, alcohol, sexo, juego, comida).
- ☐ Totalmente de acuerdo
- ☐ De acuerdo
- ☐ Neutral
- ☐ En desacuerdo
- ☐ Totalmente en desacuerdo

3. Tiendo a ignorar o minimizar los problemas evidentes en mis relaciones para evitar conflictos.
- ☐ Totalmente de acuerdo
- ☐ De acuerdo
- ☐ Neutral
- ☐ En desacuerdo
- ☐ Totalmente en desacuerdo

4. Siento que mi felicidad depende en gran medida de la aprobación y atención de mi pareja, familia o amigos.
- ☐ Totalmente de acuerdo
- ☐ De acuerdo
- ☐ Neutral
- ☐ En desacuerdo
- ☐ Totalmente en desacuerdo

INTRADEPENDENCIA

5. He descuidado mis amistades o actividades que solía disfrutar debido a mi necesidad constante de consumir aquello que me calma (pareja, hijos, drogas, alcohol, sexo, juego, comida).
- ☐ Totalmente de acuerdo
- ☐ De acuerdo
- ☐ Neutral
- ☐ En desacuerdo
- ☐ Totalmente en desacuerdo

6. Cuando mi pareja, familia o alguna amistad está molesta conmigo, me siento muy ansiosa e incluso desesperada por resolver la situación de inmediato.
- ☐ Totalmente de acuerdo
- ☐ De acuerdo
- ☐ Neutral
- ☐ En desacuerdo
- ☐ Totalmente en desacuerdo

7. He aceptado o adoptado comportamientos en mis relaciones con los cuales paso por encima de mí con tal de no perder su atención o afecto.
- ☐ Totalmente de acuerdo
- ☐ De acuerdo
- ☐ Neutral
- ☐ En desacuerdo
- ☐ Totalmente en desacuerdo

8. Me siento ansiosa o improductiva cuando no estoy ocupada todo el día.
- ☐ Totalmente de acuerdo
- ☐ De acuerdo
- ☐ Neutral
- ☐ En desacuerdo
- ☐ Totalmente en desacuerdo

9. Tiendo a idealizar al otro, ignorando sus defectos o comportamientos poco saludables.
- ☐ Totalmente de acuerdo
- ☐ De acuerdo
- ☐ Neutral
- ☐ En desacuerdo
- ☐ Totalmente en desacuerdo

10. Me siento extremadamente ansiosa ante la posibilidad de que el otro pueda dejarme.
- ☐ Totalmente de acuerdo
- ☐ De acuerdo
- ☐ Neutral
- ☐ En desacuerdo
- ☐ Totalmente en desacuerdo

INTRADEPENDENCIA

Suma los puntos asignados a cada respuesta:
Totalmente de acuerdo: **5 puntos**
De acuerdo: **4 puntos**
Neutral: **3 puntos**
En desacuerdo: **2 puntos**
Totalmente en desacuerdo: **1 punto**

Resultados:
- **50-35 puntos.** Puntuación alta en dependencia emocional.
- **34-20 puntos.** Puntuación moderada en dependencia emocional.
- **19-10 puntos.** Puntuación baja en dependencia emocional.

Este diagnóstico sirve como un primer paso para hacer conciencia sobre nuestros patrones de comportamiento. Es probable que todas las personas entren en estos comportamientos en algún punto de su vida, por lo que es importante no satanizar ni sentir culpa si tu manera de relacionarte hasta ahora ha sido desde la necesidad y la dependencia.

CAPÍTULO 1
Individualidad

El método INTRA te ayudará a alcanzar la intradependencia y a encontrar una manera sana para relacionarte contigo y con los demás, dependiendo solo de ti. Por eso, el primer paso es reconocer nuestra propia individualidad, el hecho de que somos personas completas que no necesitamos de un otro para poder existir y sentirnos plenas. La sociedad actual, con su cultura del hacer y las redes sociales, nos empuja a anular nuestra individualidad para parecernos más a una masa homogénea. Muchas personas piensan que esto hará que los demás las acepten y las admiren. Esto es todavía más cierto para un dependiente emocional, que busca la validación y la aceptación siempre fuera de sí.

INTRADEPENDENCIA

Nuestra individualidad se define a partir de una serie de factores, incluyendo nuestras experiencias personales, valores, personalidad, habilidades, creencias y relaciones, que se entrelazan para tejer los elementos que nos definen como individuos únicos. Cada una de nosotras es un ser único e irrepetible. Para acceder a nuestro poder es necesario reconocer esta individualidad, nuestra capacidad de ser auténticas, de abrazar nuestra unicidad y singularidad. No importa si otros comparten o no las mismas características, ya que no se trata de compararnos con los demás, sino de valorar y comprender lo que sí tenemos, lo que nos distingue.

Con frecuencia escuchamos hablar de que debemos "vivir en consciencia" o en el presente. Muchos piensan que esto significa darnos el tiempo para apreciar los detalles pequeños de la vida cotidiana, como las flores que surgen entre el cemento o los pájaros que cantan en la mañana. Pero vivir en consciencia también es aprender a percibir las sutilezas de nuestra propia esencia y la complejidad que nos conforma.

La individualidad nos permite expresar nuestra autenticidad. Esto, a su vez, nos permite contribuir con ideas únicas a la sociedad, estableciendo relaciones genuinas con otros. Al abrazar nuestra singularidad, fomentamos la diversidad, que es una riqueza en sí misma. En un mundo donde todos fuéramos iguales, careceríamos de oportunidades para aprender y crecer.

La verdadera riqueza reside en la unicidad de cada una de nosotras.

Para reconocer nuestra propia autenticidad es necesario empezar por el principio, con las primeras experiencias que nos formaron. Aunque la mayoría tenemos muy pocos recuerdos de nuestra infancia temprana, lo que vivimos en esos años deja una marca profunda que será la base para las relaciones que tenemos como adultos. Por eso, es necesario comprender qué pasó en esos primeros años. En este capítulo nos apoyaremos en perspectivas del psicoanálisis para explorar la infancia y luego hablar sobre la autenticidad y la individualidad en la vida adulta.

El apego y la infancia

La Real Academia Española define el apego como "afición o inclinación hacia alguien o algo", y esto explica en parte esa relación desde el apego que entabla la persona emocionalmente dependiente. Sin embargo, hay una definición y explicación del apego que viene del psicoanálisis. El psicoanalista John Bowlby nos dice que el apego es un vínculo afectivo que se establece desde los primeros momentos de la vida. Según Bowlby, los bebés tienen una necesidad innata de establecer un vínculo emocional seguro para sobrevivir.

INTRADEPENDENCIA

Es algo que suena muy intuitivo: los bebés dependen completamente de su cuidador, por lo que es natural que quieran sentirse seguros con esa persona que es su único medio de supervivencia. A partir de este vínculo afectivo, el bebé puede explorar el mundo y desarrollar su capacidad para formar relaciones.

Bowlby distingue cuatro tipos de comportamientos de apego en los bebés. El apego seguro es cuando los bebés se sienten cómodos explorando su alrededor cuando su cuidador está presente, porque saben que pueden regresar a esa persona en cualquier momento si sienten que están en peligro. Este tipo de apego se desarrolla cuando el cuidador primario está al pendiente de las necesidades del bebé, lo que crea confianza y seguridad en la relación.

El segundo tipo es el apego ansioso o ambivalente, en el que el bebé demuestra una ansiedad excesiva sobre la disponibilidad de su cuidador primario. Los bebés con este tipo de apego son más cuidadosos o se resisten a explorar su entorno, pero después de una separación pueden ser ambivalentes hacia su cuidador, de manera que a veces lo buscan desesperadamente y a veces lo rechazan.

El tercer tipo es el apego evitativo, en el que el bebé evita o ignora a su cuidador primario y no busca consuelo en sus momentos de angustia. Este tipo de apego se desarrolla cuando el bebé nota que sus necesidades no siempre son cubiertas cuando expresa angustia y que no siempre encuentra el apoyo emocional que necesita.

Por último, el apego desorganizado es una mezcla entre el ansioso y el evitativo, en el que el bebé presenta mucho enojo e ira. Pueden demostrar comportamientos violentos y tienen una relación muy complicada con sus cuidadores primarios.

El tipo de apego que desarrollamos en la infancia tiende a reflejarse en nuestras relaciones adultas. Sentir la ausencia de nuestros cuidadores, inseguridad en esa relación o que nuestras necesidades no son cubiertas nos llevarán al apego ansioso, evitativo o desorganizado. Una persona que entabla un apego seguro tiende a llevar una vida adulta independiente con relaciones afectivas sanas y de confianza. Sin embargo, cuando el apego es ansioso, evitativo o desorganizado, se manifiestan muchos de los síntomas que vimos en la introducción. Para que se dé un apego seguro, no basta con que se cubran las necesidades físicas y de higiene del bebé, sino que debe de existir una relación de confianza y comunicación, en la que el cuidador primario está atento al niño constantemente. El niño sabe que su cuidador es constante y no va a fallarle.

Desafortunadamente, es muy común que desarrollemos otro tipo de apego. Muchas veces nuestros cuidadores —sean papá, mamá, tía, abuela o alguien más— se sienten sobrepasados por sus circunstancias. Su atención se divide entre otros hijos, el trabajo, el cuidado de la casa y mil otras cosas, y es difícil que entablen esa relación de constancia y confianza absoluta con nosotros. En casos más extremos, pero desde luego no menos comunes, nuestros cuidadores pueden tener un trato negligente o incluso abusivo, que tiende a generar un apego totalmente desorganizado que nos dificulta mucho las relaciones en la vida adulta.

Otra teórica y psicoanalista que nos ayuda a comprender el apego en el desarrollo de la dependencia emocional es Melanie Klein. Al igual que Bowlby, Klein nos dice que la infancia es una etapa crucial para el desarrollo psicológico y es cuando se establecen las bases de la personalidad. Klein analiza distintas etapas de la infancia en las que sucede el desarrollo emocional.

Según Klein, la relación más importante para un niño es la que establece con su madre o con su cuidador primario. En la primera etapa de la infancia el niño experimenta sentimientos de amor y odio simultáneamente hacia la madre. En esta etapa, el bebé experimenta ansiedad y miedo de perder o destruir a su madre, pero también desarrolla mecanismos de defensa para lidiar con estos sentimientos. El bebé todavía no percibe a su madre como una persona separada de él, sino como una extensión de su ser. En la siguiente etapa, el bebé empieza a darse cuenta de la separación entre él y su madre, y puede tener sentimientos de culpa o de tristeza por los pensamientos destructivos que ha tenido en el pasado. Melanie Klein enfatiza la importancia del apego seguro en estas etapas del desarrollo.

La psicoanalista Margaret Mahler, a través de su teoría de la separación-individuación, nos puede dar otra perspectiva para comprender esto. Cuando somos bebés, nos percibimos como atados inextricablemente a nuestra madre o cuidador primario, como si fuéramos un solo ente. Pensamos que el otro es simplemente una extensión de nosotros mismos. Para Mahler, el proceso de separación-individuación es el proceso por el que comprendemos que somos entes separados y a partir del cual construimos nuestra identidad.

En la primera fase, el bebé demuestra muy poco interés en el mundo a su alrededor, y solo se relaciona con su madre para sus necesidades más básicas. Con el tiempo, el bebé pasa a la siguiente fase, en la que se siente un poco más seguro y empieza a explorar el mundo a su alrededor. Sin embargo, en esta etapa debe volver a su madre con cierta frecuencia para sentirse seguro y protegido. Dependiendo de esta relación, aprende que su madre es una fuente de seguridad emocional y apoyo confiable o no. El bebé pasa por un proceso de diferenciación, en el que interactúa cada vez más con su entorno. Con los primeros pasos, este mundo se amplía y crece su capacidad de exploración. Esto lo lleva a darse cuenta de que es un ser separado pero dependiente de los demás, aunque hay cosas que ya puede lograr por sí mismo. Por último, llegamos a la consolidación. En este punto el bebé comprende que las figuras significativas en su vida continúan existiendo incluso cuando no están físicamente presentes. Distingue de forma adecuada cuáles son sus límites, tiene una identidad propia y sabe que aunque las personas no estén físicamente aún tiene su afecto. De este modo, puede establecer relaciones interpersonales sanas.

Las teorías de Margaret Mahler, John Bowlby y Melanie Klein nos invitan a explorar nuestras propias raíces y a cuestionar cómo nuestras experiencias tempranas tienen un impacto profundo en la manera en que nos relacionamos con los demás. Al explorar esto, abrimos una puerta a un mayor entendimiento de nuestras tendencias y patrones relacionales. Al ser conscientes de estas influencias, tenemos la oportunidad de cultivar relaciones adultas más sanas y significativas, construidas sobre la base de la autenticidad, la empatía y la confianza.

Con todo esto, podemos situar el inicio de la dependencia emocional en nuestra infancia, y es ahí donde tenemos que buscar si aspiramos a la intradependencia. El primer paso del método INTRA es reconocer nuestra importancia como individuos, y para ello debemos primero comprender el tipo de apego que aprendimos en la infancia. Es un proceso desafiante, pero extremadamente enriquecedor, ya que nos permitirá identificar el origen de nuestros comportamientos dependientes y las creencias que nos llevan a ello.

Abrazando nuestra individualidad

En la sociedad actual se tiende a aplaudir la conformidad, el mimetismo y la obediencia en lugar de celebrar la individualidad. Desde una edad temprana, se espera que sigamos patrones preestablecidos y cualquier desviación de estos patrones por lo regular se ve como inaceptable. La educación y la cultura suelen sacrificar la unicidad en aras de encajar en un molde predefinido a favor de la aceptación social, lo que en realidad conlleva a la anulación del individuo. La dependencia emocional, que se basa en la anulación constante, también es una consecuencia de este patrón cultural. Muchas personas han aprendido a sentir que no son adecuadas tal como son, lo que a menudo conduce a la pérdida de su identidad.

Debemos aprender a cambiar esta narrativa, reconociendo, aceptando y celebrando el valor de nuestra propia individualidad. Esto implica un ejercicio de conciencia y autodescubrimiento, un compromiso diario para ubicar quiénes somos, qué nos hace únicos y cómo nos diferenciamos de los demás. ¿Qué pasiones

INTRADEPENDENCIA

y habilidades nos definen? ¿Qué actividades y momentos nos llenan de alegría? Estos son los aspectos que debemos fomentar para promover un crecimiento personal significativo. Al valorar y nutrir nuestra individualidad, contribuimos no solo a nuestro propio crecimiento, sino también al crecimiento de la sociedad en su conjunto, ya que la diversidad es la auténtica riqueza, y a través de la individualidad cada uno de nosotros puede aportar algo único y valioso a nuestro mundo.

El proceso de abrazar nuestra individualidad no es algo que debamos abordar con respecto a los demás, sino más bien con respecto a nosotras mismas. Cuando estamos en un buen estado individual, eso directamente impacta en el bienestar de las personas que nos rodean y con quienes interactuamos. La intradependencia nos permite experimentar una sensación de libertad inigualable; simplemente reconocernos a nosotras mismas nos permite vivir con la libertad de ser quienes realmente somos, a pesar de las reacciones, opiniones y comportamientos de quienes nos rodean o de la sociedad en la que vivimos.

En la era de las redes sociales, sin notarlo, terminamos por tratar de pertenecer a una masa homogénea. A menudo buscamos unirnos a la multitud para fortalecer nuestro sentido de identidad, pero en realidad esto puede socavar nuestra individualidad. Nos sentimos presionadas a cumplir con estándares y comportamientos populares en busca de reconocimiento y aceptación, pero muchas veces esto va en detrimento del reconocimiento de nuestra propia individualidad.

Las redes sociales son una herramienta ambivalente en este proceso. En teoría, deberían fomentar la expresión individual y la diversidad de la que hablamos, permitiendo que cada individuo comparta sus opiniones, intereses y experiencias únicas con un público más amplio. Sin embargo, la realidad difiere en muchos casos. La intención detrás de nuestras publicaciones muchas veces viene de la necesidad de pertenecer. Subconscientemente, buscamos validación y aprobación. Incluso cuando compartimos algo que consideramos único, a menudo esperamos que otros nos imiten o nos sigan, con lo cual creamos un "yo" idealizado que no siempre refleja nuestra esencia genuina.

Esta fantasía y grandiosidad reflejan la parte negativa del impacto de las redes sociales en la individualidad. Promueven tendencias, normas y estereotipos culturales que presionan a las personas para que se ajusten a ciertos estándares, ya sea de belleza, estilo de vida o pensamiento. La búsqueda de validación en las redes sociales puede llevar a la conformidad o a la pérdida de la autenticidad individual en pro de la aceptación social.

Al respetar y valorar la individualidad, fomentamos la diversidad en nuestra vida, lo cual a su vez nutre la creatividad y el crecimiento personal, tanto a nivel individual como colectivo. El enfoque no debe ser que todos se alineen con un patrón único, sino alentar a cada individuo a explorar su singularidad y contribuir con lo que tiene de único a la sociedad.

El poder de tu unicidad

Una vez que reconocemos y aceptamos el valor de la autenticidad y la diversidad, al ver todas las experiencias, creencias y características de nuestra historia que nos conforman como individuos, sentiremos una enorme liberación. Aceptarte y abrazarte te permite vivir en conciencia, compartiendo desde un lugar de abundancia y no de carencia.

En este contexto, no se trata de niveles o comparaciones. Cada persona, independientemente de lo que le apasione, tiene algo interesante que aportar. Lo fascinante es la posibilidad de expresarlo sin miedo al juicio, para con ello estimular la atracción de una tribu de personas afines. Habrá quienes se identifiquen con lo que eres y compartan tus intereses. Lo que se fomenta con esto es la libertad y la fortaleza necesarias para decir "me gusta esto" y expresarlo con franqueza, sin miedo al qué dirán. La aceptación de la diversidad y la individualidad propias nos permite recibir opiniones y críticas sin que afecten nuestra autoimagen.

Cuando identificas y reconoces lo que realmente eres y tienes, empiezas a valorarte en tu totalidad, sin importar el valor que otros puedan asignarte. Aprecias todo lo que eres y, además, comprendes cómo tus acciones y decisiones pueden estar en conflicto con esa verdad. Te preguntas: ¿qué partes de mí estoy negando? ¿Qué aspectos míos me cuesta tolerar? ¿Cómo puedo crecer y mejorar como persona? Esto es un proceso de autorreflexión profunda y autoaceptación que te lleva a reconocer quién eres y qué valores tienes. Cuando empiezas a aceptar tu individualidad y te comprometes a ser tú misma, las posibilidades son infinitas. No se trata de convertirte en la persona más exitosa o destacada, sino de reconocer y abrazar tu esencia única.

Cuando pasamos por este proceso, en ocasiones nos enfrentamos con que las personas con las que solíamos compartir ya no resuenan con nosotras; nos sentimos más atraídas a personas, actividades o ideas que se asemejan a lo que nos interesa. Esto no implica necesariamente un cambio drástico, sino un ajuste natural en la forma en que te relacionas con el mundo. Puedes empezar a compartir tus experiencias desde un lugar de sinceridad y transparencia, sin miedo al juicio. Algunas personas se sentirán atraídas por tu autenticidad, pero también existe la posibilidad de que te des cuenta de que algunas de tus relaciones ya no tienen afinidad contigo y en realidad no aportan aspectos positivos a tu vida.

INTRADEPENDENCIA

Esta sensación de seguridad en tu propia piel puede llevar a un cambio profundo de perspectiva. Ya no necesitas ocultar nada ni tratar de ser alguien que no eres. No tienes que destacar o ser diferente solo por el hecho de serlo. Simplemente puedes ser tú misma, y eso es suficiente. Es un regalo que te das, y a medida que te sumerjas en esa autenticidad podrás disfrutar de una sensación de bienestar y paz que proviene de ser quién eres. Al final del día, la individualidad te empodera para vivir la vida en tus propios términos, sin preocuparte por las expectativas de los demás o por las inagotables presiones externas.

Reconocer tu individualidad te lleva a responsabilizarte de ti misma, y esto hará que dejes de victimizarte. Las personas emocionalmente dependientes tienden a tomar la posición de víctimas, pensando que son víctimas de circunstancias y personas que no pueden controlar. Pero cuando nos damos cuenta de que lo importante sí está bajo nuestro control, que podemos tomar responsabilidad, nos sentimos liberadas. La vida te brinda los recursos necesarios y la capacidad de tomar decisiones conscientes. Es tu elección reconocer lo que está sucediendo en tu interior. A lo largo de los años, he aprendido que, como ser humano, tienes la capacidad de hacer una pausa y mirar profundamente en tu interior para comprender y aceptar quién eres. Puedes vivir con autenticidad y enfrentar la realidad desde tu individualidad como nunca, en libertad y en contacto con tu poder genuino.

Yo llamo a este proceso *meterse en la ecuación*. Las personas emocionalmente dependientes, que no reconocen ni celebran su individualidad, se niegan todo el tiempo. Por su necesidad de complacer a los demás y su miedo al abandono, no se consideran en ninguna de las decisiones que toman ni en las actividades que participan, sino que solo piensan en cómo pueden mantener control de la situación y evitar el abandono. Una vez que rompes estos comportamientos te das cuenta de la importancia y el valor de *meterte en la ecuación*, de pensar en cómo te sientes, en lo que tú necesitas y quieres y cómo puedes respetar estas necesidades sin dejar de lado tus compromisos como madre, hermana, esposa o amiga. Yo me tardé casi cuarenta años en entender completamente estas lecciones. Me percaté de que cada día hay múltiples oportunidades para aprender y crecer. Cuando abrazamos nuestra individualidad, experimentamos una vida transformada, una vida en la que todo se vuelve más fácil, significativo y enriquecedor.

En este proceso, también te das cuenta de que las críticas y las opiniones de los demás ya no tienen el mismo poder sobre ti. Te vuelves inmune a juicios y críticas ajenas, y simplemente te importa menos lo que los demás piensen. ¿Por qué debería importarte si alguien no está de acuerdo contigo o no te valora?

Tú reconoces tu propio valor y tus convicciones, por lo que no necesitas la validación de una persona externa. Si alguien te juzga o te critica, eso es su proyección y su problema, no el tuyo. Si te enganchas en las críticas o el juicio de los demás, es una oportunidad para mirar en tu interior y preguntarte por qué te afecta eso que el otro dice o hace. ¿Qué resuena o dispara dentro de ti? ¿Qué partes de ti misma necesitas trabajar? ¿Qué te duele? Si gustas, puedes ir anotando las respuestas a estas preguntas y cualquier revelación importante a la que llegues durante la lectura. Más adelante, encontrarás una herramienta que te llevará a tener más claridad sobre este proceso. A medida que ganas claridad sobre tus propios disparadores y desencadenantes, dejas de reaccionar y puedes responder a conciencia, comienzas a vivir con propósito.

Trabajando nuestra autenticidad

Abrazar nuestra individualidad para acceder a este poder liberador es un trabajo de todos los días, un compromiso contigo de estar consciente de quién eres. El primer paso es mirarte y reconocerte. ¿Cómo te sientes contigo misma? ¿Qué aspectos de ti no toleras o no puedes soportar? Esta reflexión puede resultar complicada, especialmente al principio, ya que

Marcela Cuevas

a menudo venimos de un lugar de negación total. Sin embargo, el simple acto de verte y reconocerte es un paso significativo. Ahora, ¿qué sientes acerca de ti misma? ¿Qué aspectos no te agradan? ¿Por qué te resultan insoportables? Al examinar estas preguntas, podrías descubrir creencias arraigadas o carencias subyacentes que necesitas abordar. Este proceso de autorreflexión es un avance importante en tu camino hacia la autoaceptación y el autoconocimiento.

En el ámbito de las relaciones nos enfrentamos con una cuestión fundamental: no necesitamos ser iguales. Los dependientes emocionales tienden a adaptarse totalmente a su pareja, como si se tratara de un camuflaje o de cambiar de forma para convertirse en lo que creen que el otro espera de ellos, se moldean al otro y en el proceso sacrifican su autenticidad. Eso los aleja cada vez más de su verdadera esencia, lo cual resulta en un estado de ansiedad implacable, ya que deben mantener una vigilancia constante sobre ellos mismos para mantener la fachada que construyeron para complacer a alguien más. Mantener la individualidad en las relaciones radica en no olvidarnos de nosotros mismos; dar lo mejor de nosotros en una relación es esencial, pero esto no implica entregarse por completo. Si nos sacrificamos y descuidamos nuestras propias necesidades, nos limitamos y perdemos lo que nos hace únicos.

INTRADEPENDENCIA

Si nos obligamos a ser idénticos, nos quedamos sin espacio para el crecimiento y el aprendizaje. Aprender a respetar las diferencias puede ser una fuente de enriquecimiento y desarrollo; no se trata solo sobre tu propia individualidad, sino sobre celebrar también el valor único de los demás. Descubrirás algo valioso en la perspectiva de tu pareja o de alguien más, logrando aceptar a los demás tal cual son, reconociendo también lo que prefieres evitar en tu vida. No tienes que encajar perfectamente con la visión del otro; es más, a menudo es imposible y agotador. La autoafirmación y el reconocimiento de tus deseos y necesidades personales son cruciales para el crecimiento de las relaciones.

Esta es la etapa en la que, una vez que te has reconocido, te permites sentir entusiasmo. Puede incluso resultar gracioso darte cuenta de cómo te tratabas mal a ti misma por la lucha por cumplir con estándares que, en realidad, no eran los tuyos. Estos estándares están arraigados en tu historia personal, en las expectativas de otros, en lo que te decía tu madre y en muchas otras proyecciones externas que se convirtieron en parte de tu identidad. Es hora de cuestionar estas creencias.

¿Qué sigue después de este reconocimiento? Puedes quedarte donde estás, o bien, buscar oportunidades para el desarrollo personal y el aprendizaje. Puedes explorar nuevas formas de ser social, de estudiar, de crecer en tu carrera o en cualquier otro aspecto de tu vida. Puede que sientas la necesidad de mejorar o expandir tu educación, no porque necesites cumplir con expectativas externas, sino porque crees que puedes ser una versión aún mejor de ti misma. Se trata de liberarte de las expectativas y permitirte ser tú.

En este proceso de autodescubrimiento se vuelve muy importante ser consciente de lo que alimenta tu mente y tus pensamientos. Quizás adviertas que has estado nutriéndote de cosas que no te aportan, que solo te han llevado a un lugar de agotamiento y desnutrición. Si solo sigues noticias malas, te enfocas en lo negativo, vives desde la carencia, enfocada en lo que te falta y te gobiernan pensamientos obsesivos catastróficos; es probable que te sientas atormentada y desesperada. Si las redes sociales te generan ansiedad o te hacen sentir inadecuada e insuficiente, puedes elegir dejar de usarlas o revisar a conciencia si las cuentas que sigues te suman o te restan, y hacer una limpieza profunda. Empieza a seguir cuentas que te inspiren, te hagan sentir bien y te nutran; tú decides en qué te enfocas y a qué le das poder.

Recuerda que no es necesario cambiar todo de la noche a la mañana y no se trata de dejar de ser quien eres, sino de comprender tu esencia, aceptarla y apreciarla para justamente ser cada día más tú. Puedes comenzar por notar las cosas que te hagan sentir bien o que te incomoden, por ejemplo: "Hoy me di cuenta de que no soporto que mastiquen con la boca abierta". No hay juicio en esta observación; simplemente es un reconocimiento de quién eres y cómo te sientes. El desarrollo y crecimiento personal se trata de buscar oportunidades de aprendizaje, descubrir lo que te hace sentir bien y, en última instancia, tratarte a ti misma con amor y comprensión. Puedes aprender cualquier cosa que desees, siempre y cuando seas consciente de quien eres y lo que en realidad necesitas.

Una vez que aceptas y te reconoces, la lucha interna disminuye. La vida se simplifica, y puedes centrarte en aprender y experimentar cosas nuevas que te ayuden a evolucionar como individuo e incluso divertirte en el proceso. La expresión creativa juega un papel crucial en este proceso: encuentra formas de expresarte que quizás nunca habías considerado. No necesitas ser una artista consumada, pero la creatividad te permite explorar y expresar tu autenticidad de maneras sorprendentes.

El proceso de conectar con nuestras necesidades es el primer paso para establecer conexiones más auténticas. Comenzamos a relacionarnos con personas que comparten nuestros valores. Este trabajo nos permite rodearnos de aquellos que nos inspiran y nos hacen sentir seguras, donde podemos ser nosotras mismas sin temor. El desarrollo de la individualidad requiere valentía, perseverancia y una profunda convicción de que es necesario adentrarme en mí para obtener resultados distintos. A veces esto puede parecer aterrador, ya que cuestionamos nuestras propias creencias y enfrentamos lo que hemos evitado ver. Sin embargo, este proceso de autodescubrimiento no es tan abrumador como parece: la clave está en perseverar y superar el miedo a la inadecuación y al rechazo. Hay muchas técnicas que podemos utilizar para conectarnos con nosotras mismas, como la meditación o el autoexamen constante. Estas prácticas pueden ayudarnos a encontrar un equilibrio y aprender a cuidarnos a nosotras mismas de una manera más saludable.

Potencializa lo que tienes

En la medida en que podemos ver quiénes somos realmente y lo que tenemos, podemos empezar a trabajar con ello y a potencializarlo. Como hemos visto, al dejarnos ser quien de verdad somos atraemos a nuestra vida personas y relaciones que están en sintonía genuina con nosotros. La forma de relacionarme desde ahí es naturalmente fluida y sana; es un estado desde donde podemos dejar de hacer y tratar de modo constante de ganarnos el amor, cariño y reconocimiento de los demás. Si tengo mi propio reconocimiento y aceptación,

INTRADEPENDENCIA

desaparece la necesidad de buscarlo afuera; estoy satisfecha con lo que soy y lo que tengo, he dejado atrás esa sensación de falta. Ahora mi perspectiva se amplía desde la abundancia. El agradecimiento es una gran herramienta para enfocarnos en lo que sí tenemos, para dejar de darle fuerza a lo que no, a la carencia con la constante del miedo de perder lo que tengo o no tener lo que creo que necesito.

Aceptarte no quiere decir que no debas esforzarte. Se requiere de la convicción y el esfuerzo constante para lograr lo que te propongas o pulir y potenciar quién eres para poder convertirte en tu mejor versión. Cuando podemos ver con claridad nuestra realidad y dejar atrás el sufrimiento que resulta de la negación de esta, podemos buscar la automejora desde un lugar de paz y abundancia y no desde la carencia. Es muy diferente hacer algo esperando que el otro reaccione de cierta manera o esperando obtener lo que necesito, a hacerlo con la finalidad de potencializar al máximo algo que ya está en mí, buscando satisfacer mis propias necesidades.

A partir de este sentimiento de completud, dejamos atrás la carencia y podemos realmente experimentar el goce de vivir las experiencias de vida que nos tocan como un complemento que no nos define ni trastorna nuestro sentido de valía o de existencia, completud o satisfacción. Cuando logras esto, te deja de afectar lo que hace o deja de hacer el otro. Cuando nos queda claro que no tenemos ningún control sobre el actuar de los demás o el curso de la vida, dejamos de sentirlo como una amenaza o un reflejo de nosotras mismas. Somos capaces de comprender nuestra unicidad como algo maravilloso e irrepetible.

Sin embargo, una persona que sigue con comportamientos de dependencia emocional no vive las relaciones de esta manera. Más bien vive en la fantasía de que la solución se encuentra afuera. Se ocupa de resolver problemáticas y complicaciones del exterior para, en primer lugar, resolver algo que no tiene que ver con ella y así asegurarse de no resolver lo propio, porque es demasiado doloroso. En segundo lugar, inconscientemente trata de rescatar y resolver la vida de alguien más para asegurarse de que el otro la necesite y no la abandone. En esta forma de relacionarse existe una falsa creencia arraigada y muchas veces inconsciente de que la otra persona, por más enferma que esté, aunque no puede hacerse cargo ni de sí misma, es quien va a proveer de todo lo que se necesita y quiere. Pero como no se cumple esa expectativa, la persona con dependencia emocional vive eternamente insatisfecha y frustrada. Aun así, no la puede dejar, porque al menos esa persona le da un alivio momentáneo a su gran vacío y la mantiene distraída de ella misma, de su dolor y de su responsabilidad.

INTRADEPENDENCIA

La *i* del método INTRA nos habla sobre la individualidad, sobre la importancia de poder vernos y reconocernos. Este es el primer paso para trabajar la intradependencia, para dejar de evitar el displacer que nos da hacernos responsables de nosotras mismas por negar nuestra realidad. Esta negación nos lleva a buscar fugarnos poniendo nuestra atención en el exterior, en cosas, personas e incluso ocupaciones que utilizamos como medio para distraernos de nosotras mismas.

¿Quién soy realmente?, ¿cuáles fueron mis carencias y virtudes?, ¿cómo aprendí a defenderme del exterior?, ¿cómo era la relación con mis padres en la infancia?, ¿cuál es la parte mía que no quiero ver? Haciéndonos preguntas como estas podemos acercarnos en una primera instancia al trauma original, al origen del malestar que nos hace relacionarnos desde el apego.

Freud nos dice que el trauma se origina a partir de experiencias emocionalmente abrumadoras que dejan una huella duradera en la psique y el bienestar de una persona. A menudo estas experiencias superan la capacidad de procesamiento y asimilación emocional de quien las vive. Según Freud, pueden ser eventos que ocurren en momentos críticos del desarrollo, especialmente en la infancia. Estos eventos sin resolver quedan almacenados en el inconsciente y pueden tener un impacto significativo en la vida adulta. Parte de la metodología INTRA es explorar estas experiencias, comprender y abordar su impacto en la vida presente.

Podemos identificar varios tipos de trauma:

TIPOS DE TRAUMA	DESCRIPCIÓN
Trauma por rechazo	Se caracteriza por asumir fácilmente interpretaciones negativas sobre la opinión de otros; obliga a ser cauteloso en las relaciones interpersonales, dificulta el compromiso y es complaciente.
Trauma por abandono	Genera miedo al rechazo o a no encajar, dificulta la formación de relaciones saludables. A menudo se acompaña de una baja autoestima, sentimientos de poco valor y depresión.
Trauma por injusticia	Provoca sentimientos de cansancio emocional, emociones impredecibles, ira hacia quienes perpetúan la injusticia, dificultad para confiar y estrés postraumático, entre otros síntomas. Puede impulsar el activismo o la defensa.
Trauma por traición	Dificulta el reconocimiento y expresión de emociones, desencadenando ansiedad, depresión y otros síntomas de salud mental. A menudo se manifiesta en pesadillas y ataques de ansiedad.

INTRADEPENDENCIA

Al identificarlo puedo hacer conciencia sobre todo lo que he querido evitar, negar y reprimir. Aunque estos mecanismos de defensa pueden ser saludables, en la dependencia emocional se hace un uso excesivo de ellos y, aun así, no son suficientes para evitar el malestar.

A medida que logramos vernos, hacemos conciencia de todas esas partes que queremos evitar de nuestra realidad. Con esta metodología vas a integrar esta revelación para poder reconocerte de tal manera que comprenderás por qué no logras trascender ciertos patrones o alcanzar lo que te propones, y comprenderás que el origen de tus problemas y tu sufrimiento está en ti, lo cual es una gran noticia, ya que sí es posible ser feliz y construir la vida que siempre has deseado.

Como parte de esta metodología, es indispensable utilizar las herramientas que te propongo y la primera la encontrarás a continuación. Las herramientas son secuenciales, por lo que es importante que las completes conforme aparecen en el libro. La primera es una radiografía de ti, una serie de preguntas y cuestionamientos que te ayudarán a explorar todo eso que no has podido voltear a ver. La radiografía es un instrumento clave para poder *verte* sin disfraces y sin esconderte detrás de tus miedos, para poder encontrar el origen de lo que tenemos que trabajar en los siguientes pasos. Reconocer quién eres como individuo, qué experiencias te formaron, qué patrones has repetido a lo largo de tu vida, qué te gusta y qué no te gusta de quién eres, qué te incomoda y qué puedes potencializar es lo primero que debes de hacer. Es como comprar un boleto de avión para un viaje de exploración de ti misma cuyo destino final es la liberación, la intradependencia y la paz. Es imprescindible que trates de contestar las preguntas de la manera más honesta posible. Piensa en cómo es tu realidad verdaderamente y no cómo te gustaría que fuera. Tómate un tiempo para hacer este ejercicio, ya que entre más información tengas de ti más enriquecedor será el resultado.

INTRADEPENDENCIA

Herramienta
Radiografía de ti

En este ejercicio te voy a pedir que respondas una serie de preguntas de la manera más honesta posible. Es importante que lo hagas en un ambiente adecuado y con un verdadero compromiso de mirar a tu interior. Busca un lugar donde te sientas cómoda y puedas evitar distractores externos para poder verdaderamente contactar contigo y con tu esencia. Deja el celular a un lado en silencio y si te es posible apágalo. Haz cualquier cosa que te ayude a adentrarte en ti, en tu infancia y en todas aquellas cosas que normalmente no quieres ver. Recuerda que este es el primer paso que das hacia la intradependencia, que te regalas intencionalmente un tiempo para reconocerte y empezar a sanar el origen de tu sufrimiento. Si hay alguna pregunta que te genere incomodidad o que no quieras contestar, debes ponerle atención especial, porque esa incomodidad te está tratando de decir algo.

Preguntas de la infancia
1. ¿Cómo eras de niña?
2. ¿Cómo te dicen que eras de niña?
3. ¿Cómo sientes que eras de niña?

4. ¿Qué papel jugabas dentro de tu familia y por qué?
5. ¿Qué de lo que te han contado de ti y te has contado tú de quien eres sientes que es verdad? ¿Qué no?
6. ¿Qué te faltó en la infancia y por qué?
7. ¿Qué te hubiera gustado que fuera diferente en tu infancia y por qué?
8. ¿Qué no te gustaba en tu infancia (o de tu infancia) y por qué?
9. ¿Qué sí te gustaba en tu infancia (o de tu infancia) y por qué?
10. ¿Quién era la figura más importante en tu infancia y por qué?
11. ¿Cuál es el peor recuerdo de tu infancia?
12. ¿Cuál es el mejor recuerdo de tu infancia?
13. Cuando te sentías mal de niña, ¿quién te consolaba?
14. ¿En tu casa había límites claros que se respetaban?
15. ¿En tu casa había gritos, amenazas o golpes?
16. ¿Tus padres expresaban sus emociones? ¿Permitían que expresaras las tuyas?
17. ¿Te sentías validada por tus padres?
18. ¿En tu casa utilizaban la manipulación, como retirar el habla, culparte o avergonzarte?
19. ¿Tus padres se hacían responsables de sus actos, reconociéndolos y pidiendo disculpas?
20. ¿Te daban espacio para expresarte y experimentar o controlaban todo lo que hacías?

Patrones del pensamiento y comportamiento
1. ¿Sueles ser crítica contigo misma?
2. ¿Tienes pensamientos constantes de autoexigencia y juicio?
3. ¿Eres sensible y emocional?
4. ¿A menudo te sientes vulnerable e incapaz?
5. ¿Cómo respondes al estrés?
6. ¿Tiendes a reaccionar con enojo?
7. ¿Cómo reaccionas cuando algo no sale bien o se aleja de lo que esperabas?
8. ¿Sueles cargar con resentimiento?
9. ¿Tienes dificultades para concentrarte porque te rebasan tus pensamientos?

Tus miedos
1. ¿Qué te daba miedo de niña y por qué?
2. ¿Cuáles fueron las experiencias que viviste de niña que nunca olvidarás?
3. ¿Qué es lo más fuerte que has vivido?
4. ¿Qué vivencia es la que más te ha impactado y por qué?
5. ¿A qué le tienes miedo hoy y por qué?
6. ¿Qué miedo te paraliza y por qué?
7. ¿Qué miedo te ha impedido hacer algo que siempre has querido?
8. ¿Qué miedo siempre te atormenta y no logras quitarte de la cabeza?

Tu familia
1. ¿Con quién tienes mejor relación de tu familia y por qué?
2. ¿Con quién tienes peor relación de tu familia y por qué?
3. ¿Cuáles son los roles que jugaba cada miembro de tu familia?
4. ¿Cuáles eran los patrones familiares y cuáles de estos repites hoy?
5. ¿Cómo afectó la forma de relacionarte en tu núcleo familiar a la forma en la que te relacionas en el exterior?

Tus relaciones
1. ¿Puedes identificar en qué se parecen las parejas que has tenido?
2. ¿Hacia qué tipo de parejas sueles sentirte atraída?
3. ¿Qué patrones puedes identificar en tu forma de relacionarte con tus parejas que puedas identificar en tu relación con algún familiar, alguna amistad o a nivel profesional?
4. ¿Cómo ha sido la relación que tienes contigo misma?
5. ¿Cómo eres con tus parejas?
6. ¿Cuáles han sido tus relaciones más significativas (no solo de pareja)? ¿Por qué?
7. ¿Qué te enseñaron sobre ti esas relaciones?

Eventos traumáticos

1. ¿Cuáles han sido los eventos traumáticos que has vivido y por qué?
2. ¿Qué creencias adoptaste a raíz de estos eventos traumáticos?
3. ¿Hay alguno de estos eventos que consideres que te siguen afectando en la actualidad?
4. ¿Cuál ha sido el evento traumático más significativo que has vivido y por qué?
5. ¿Cómo afectan estos traumas tu forma de relacionarte y de vivir?

Quién eres

1. ¿Cuál es el concepto que tienes de ti misma?
2. ¿Para qué eres buena?
3. ¿Qué no se te da?
4. ¿A quién te pareces?
5. ¿A quién admiras y por qué?
6. ¿A quién quisieras parecerte?
7. ¿Como cuál de tus papás eres? ¿En qué te pareces?
8. ¿Qué es lo más importante que te enseñó tu mamá?
9. ¿Qué es lo más importante que te enseñó tu papá?
10. ¿Qué quisieras repetir de tu papá y por qué?
11. ¿Qué quisieras repetir de tu mamá y por qué?

Después de contestar estas preguntas, completa el siguiente esquema:
- ¿Quién soy realmente?
- ¿Cuáles son las tres creencias más arraigadas que tengo?
- ¿Cuáles son mis mayores limitantes?
- ¿Cuál es mi mayor miedo o trauma?
- ¿Cuáles son mis fortalezas?
- ¿Qué me hace única?
- ¿Quién quiero ser?
- ¿Cuáles son dos de mis patrones relacionales más importantes?

- ¿Quién soy realmente?
- ¿Cuáles son las tres creencias más arraigadas que tengo?
- ¿Cuáles son mis mayores limitantes?
- ¿Cuáles es mi mayor miedo o trauma?
- ¿Cuáles son mis fortalezas?
- ¿Qué me hace única?
- ¿Quién quiero ser?
- ¿Cuáles son dos de mis patrones relacionales más importantes?

INTRADEPENDENCIA

Con este esquema puedes identificar cuáles son tus disparadores, lo cual nos indica a qué reaccionas actualmente en tu vida y el porqué de tu comportamiento.

Cuando te sientas mal, dudes o no encuentres la salida, puedes volver al esquema y recordar quién eres, reconocer tus miedos y fortalezas, y recordar que la respuesta está dentro de ti. La mente repite mecánicamente, por lo que, para instaurar nuevas perspectivas y formas de conducirte, puedes recurrir a esta radiografía para practicar y recordarte quién eres en esencia. Es importante que este esquema lo escribas con tu puño y letra.

CAPÍTULO 2
Necesidad afectiva

Durante el capítulo anterior hablamos sobre el primer paso del método INTRA, que se enfoca en nuestra individualidad. Es importante que volteemos la mirada hacia nosotros y nuestro pasado, hacia nuestra unicidad y las experiencias que nos marcaron en la infancia, para comprender el origen de nuestro malestar y ciertos comportamientos que tenemos en la actualidad. Con la radiografía que hiciste, ya comenzaste a explorar tu interior y comprender este pasado.

Este es el inicio y quizás sea el paso más importante. El siguiente paso es pensar en nuestras necesidades afectivas, analizar cómo son nuestras relaciones con los demás el día de hoy y entender cómo nos podemos relacionar con los demás desde la intradependencia, y no

INTRADEPENDENCIA

desde la dependencia emocional. Desde la psicología, entendemos a las emociones como reacciones internas que responden a estímulos internos o externos. Nuestras emociones pueden activar respuestas fisiológicas y generar sensaciones que a menudo nos sorprenden. La alegría, la tristeza, el miedo, la ira y otras emociones son nuestras compañeras constantes, y reconocerlas es el primer paso para comprender nuestra conexión con ellas. Para hablar de la necesidad afectiva es necesario observar y adentrarnos en nuestras emociones.

Las personas que son emocionalmente dependientes, por lo común, tuvieron alguna carencia en la satisfacción de sus necesidades afectivas, o sea, que sus proveedores o cuidadores primarios no pudieron cubrir estas necesidades. Como vimos en el capítulo anterior, esto hace que desarrollemos patrones de hipervigilancia y estemos siempre pendientes del exterior y del otro para conseguir que nuestras necesidades afectivas básicas sean satisfechas. Conforme vamos creciendo y en la adultez, esto resulta en que estemos por completo a merced de alguien o algo para distraer nuestro malestar. Nuestro bienestar, paz y felicidad dependen del todo de alguien o algo del exterior; la actitud de ese otro —sea pareja, amiga, hijo o alguien más— nos afecta profundamente, porque de ella depende cómo nos sentimos.

Marcela Cuevas

La psicología y el afecto

En la psicología podemos encontrar distintas ideas sobre el afecto que nos ayudarán a comprender esto. Por ejemplo, Sigmund Freud profundizó en el concepto del afecto, destacando su importancia en la comprensión de nuestras relaciones adultas y su impacto en la formación de la personalidad. Para Freud, el afecto va más allá de una simple emoción. Es una experiencia interna que abarca una gama de sensaciones y reacciones emocionales en respuesta a diversas situaciones y estímulos. Él afirmó que estos afectos están arraigados en lo más profundo de nuestro inconsciente y pueden influir de manera significativa en cómo nos relacionamos con los demás en nuestra vida adulta.

Freud distinguió entre afecto y emoción. Mientras que la emoción se refiere a la experiencia consciente de un estado emocional específico, el afecto es la expresión subjetiva y experimentada de esa emoción. En otras palabras, mientras que la emoción es algo que podemos identificar y describir conscientemente, el afecto es la forma en que sentimos internamente esa emoción. La relevancia del afecto en nuestras relaciones adultas radica en cómo los afectos reprimidos pueden afectar nuestro comportamiento y nuestras interacciones. Freud sugirió que cuando ciertos afectos no son expresados o son reprimidos en nuestro inconsciente, pueden manifestarse de maneras indirectas y a menudo inesperadas. Estas manifestaciones pueden influir en nuestras decisiones, nuestras actitudes y la forma en que percibimos y respondemos a los demás en nuestras relaciones.

Un aspecto clave de la teoría de Freud es que los afectos reprimidos pueden ser traídos a la conciencia al explorar el inconsciente y descubrir las emociones subyacentes. Así, las personas pueden obtener una mayor comprensión de sus patrones de comportamiento y la forma en que estos afectan sus relaciones. Esta autoconsciencia puede ser el primer paso hacia la transformación y el crecimiento personal.

La teoría del *self* de Heinz Kohut se basa en el concepto de que todos tenemos necesidades emocionales básicas que deben ser satisfechas para un desarrollo saludable. Una de estas necesidades es la de ser reconocidos y validados por los demás. Esto significa que anhelamos ser vistos y comprendidos en un nivel profundo, especialmente en nuestras relaciones cercanas. Cuando nuestras necesidades de reconocimiento no se cumplen en la infancia, pueden surgir heridas emocionales que influyen en cómo interactuamos con los demás en la vida adulta.

Kohut también introdujo el concepto de espejeo, que se refiere a cómo los otros reflejan nuestra imagen y valía emocional. Un espejo literalmente refleja nuestra imagen física, pero en un sentido emocional: anhelamos que los demás reflejen nuestra valía y nos confirmen como seres valiosos y significativos. Cuando estas necesidades no se satisfacen, pueden surgir inseguridades y dudas sobre nuestro propio valor en las relaciones adultas.

La teoría del *self* de Kohut enfatiza la importancia de la empatía y la comprensión en nuestras relaciones. Esta idea es muy relevante cuando hablamos de nuestras relaciones: comprender las necesidades emocionales de los demás y proporcionar apoyo y validación puede fortalecer nuestras conexiones y promover relaciones más saludables.

La teoría del *self* de Heinz Kohut subraya cómo nuestras necesidades emocionales no resueltas influyen en nuestras relaciones adultas y en la formación de nuestra identidad. La necesidad de reconocimiento, validación y *mirroring*, o espejeo, desempeña un papel importante en cómo nos relacionamos con los demás. Para un dependiente emocional es común que esto no haya sucedido en sus relaciones tempranas, y de esta manera no tiene un sentido de valía ni reconocimiento como adulto.

Las emociones

Si extendemos un poco la metáfora del espejo, podemos entender que cuando somos adultos es necesario primero validarnos y sentirnos reconocidos nosotros mismos, desde nuestro interior, y luego podremos compartir eso con los demás. El segundo paso del método INTRA consiste en aprender a reconocernos y validar nuestra esencia potenciándola. Es la única manera que podremos compartir con los demás de un modo sano, y no buscando eternamente la validación y el reconocimiento en donde no están.

Quienes son dependientes emocionales normalmente no comprenden bien estas emociones, no son conscientes de la frustración que les genera el estar buscando la felicidad en el exterior. Así, es importante aprender a convivir con nuestras emociones sin juicios ni catalogarlas como positivas o negativas. Permitirnos sentir nuestras emociones es como dejar que fluyan como un río. A menudo las emociones pueden parecer amenazantes, como si un tronco flotante se dirigiera hacia nosotros en ese río. Nuestro instinto inicial es tratar de detenerlo, resistirnos para evitar ser arrastrados por él. Sin embargo, al intentar resistirnos en exceso, a veces terminamos sintiendo angustia, nos lastimamos a nosotras mismas o incluso ahogándonos en el esfuerzo en una autodestrucción.

No podemos controlar las emociones, sino que debemos encontrar un lugar seguro para detenernos y permitir que el tronco pase a nuestro lado. Debemos aceptar la ansiedad que sentimos al verlo y observarlo mientras fluye frente a nosotros. Esta es la mejor manera de superar esa ansiedad y ese malestar. Cuanto menos intentemos detenerlo, más rápido pasará. Debemos recordar que una emoción no es una amenaza, sino más bien una señal. Es la forma en que la mente humana nos advierte sobre algo que debemos atender. Una vez que el tronco ha pasado, debemos mirar hacia adentro y explorar por qué estábamos en el río en primer lugar. La emoción está tratando de decirnos algo, nos brinda la oportunidad de escuchar eso que hemos estado evitando.

Así es como gestionamos las emociones, sin tratar de controlarlas o ponerles nombres. Esa es la única manera en que nuestro cuerpo nos informa que hay algo que debemos atender. Cuando una emoción es intensa, generalmente significa que hemos pasado por otros avisos previos sin prestarles atención y por eso puede sentirse tan abrumadora. Cuando aprendemos a escuchar, esos "troncos" dejan de aparecer. El gran beneficio de esta práctica es que las emociones y su sensación de amenaza disminuyen. Dejan de asustarnos una vez que nos damos cuenta de que podemos darnos la oportunidad de escucharnos a nosotras mismas y dejarlas estar. Cuando las observamos y las vemos pasar, lo hacen más rápido, en especial si aprendemos a hacerlo en cuanto aparecen.

Aunque este ejercicio puede sonar muy sencillo, muchas veces representa un reto grande para el dependiente emocional, ya que le resulta muy amenazante, le genera incomodidad y mucha dificultad a la hora de dejar fluir sus emociones. En este proceso, con frecuencia van saliendo a la luz recuerdos reprimidos o vivencias de la temprana infancia que es importante desenmarañar para reconocer aquello de lo que se quiere huir.

Identificando nuestras necesidades afectivas

Es fundamental identificar la necesidad afectiva que no fue cubierta y que hoy te está dominando y regulando. Si no sientes que está satisfecha esta necesidad, vas a vivir en el eterno intento de satisfacerla, tratando de cubrirla en donde nunca se va a satisfacer, que es en el afuera, lo que te volverá un dependiente insaciable. Por eso el dependiente emocional es sumamente demandante y su intento de control constante es su manera de asegurar a su proveedor afectivo, su sustancia proveedora de satisfacción afectiva. Cualquier cosa que amenace la pérdida de esa sustancia o la creencia de que esa persona o sustancia es la clave para la felicidad causa mucho conflicto y sufrimiento.

Por eso es importante hacer el ejercicio para enfrentarnos con nuestras emociones y entender de dónde viene nuestra carencia y cuál es el origen de nuestros temores; para entender la gran necesidad insatisfecha que nos genera esta manera de relacionarnos.

Normalmente nos daremos cuenta de que actuamos desde uno de los siguientes dos lugares. A veces reproducimos esas primeras relaciones para ver si ahora sí logramos obtener lo que necesitamos y cubrimos nuestras necesidades afectivas. En otros casos buscamos situaciones que nos son familiares, aunque sean destructivas, porque ahí nos sentimos cómodas. Esta es la razón por la que muchas personas eligen una pareja abusiva; es lo que conocieron en su infancia, por lo que ahí se sienten cómodas.

Una vez que entendemos con toda claridad y conciencia la necesidad insatisfecha que hemos estado buscando, entendemos por qué la buscamos afuera y la compulsión que se da en la dependencia. Buscamos donde nunca lo vamos a poder encontrar, y esto se convierte en un ciclo interminable.

Este ciclo nos deja ciegas ante nosotras mismas; no nos podemos ver, lo único que podemos ver es la carencia, la insuficiencia, lo que nos duele. Los dependientes emocionales se sienten rotos, sienten que hay algo malo en ellos, que no son suficientes y que no están bien. La dependencia conlleva una obsesión que nos crea un doble problema. Por un lado, nos sentimos seguras de que vamos a obtener de nuestra pareja lo que necesitamos, pero nos relacionamos con personas disfuncionales y problemáticas. Este es el justificante perfecto para volcarnos hacia el otro con la fantasía inconsciente de rescatarlo, pensando que realmente puede cambiar. Lo mismo pasa con las sustancias, como las drogas o el alcohol: pienso que si me echo mi tequilita cuando acabe de trabajar voy a estar tranquila, y puede que sea verdad por un tiempo, pero el efecto se acaba y mi malestar no desaparece, entonces tengo que volver a consumir.

La manera en la que podemos empezar a romper el ciclo es reconociendo los límites entre el "yo" y el "otro", algo que no sucedió en la infancia. A partir de esa carencia, de esa necesidad afectiva no cubierta, nunca aprendimos a diferenciar dónde acaba el otro y dónde empezamos nosotras. Esto hace que entendamos nuestra existencia a partir de alguien más.

Algo muy difícil para una persona dependiente emocional es identificar qué quiere y qué es importante para ella, qué le gusta. Tenemos que poder identificar y tener conciencia de nosotras mismas. Debo observarme un poco, identificar qué me hace sentir bien y qué no. Tener en la conciencia que no soy el otro, que lo que me hace sentir bien no es que el otro esté bien conmigo, que tengo otros recursos y cosas que puedo fomentar para sentirme bien ocupándome de mí. Mi tranquilidad y mi bienestar no dependen de lo que resulte de mi relación con alguien más. Aquí es donde empiezo a aprender a hacerme cargo de mí, que es la gran dificultad del dependiente emocional.

Hacerme cargo de mí

Es necesario que cada uno se haga cargo de su propia vida para poder empezar a entablar relaciones sin apegos ni dependencias. Muchos piensan que por estar ocupados están haciéndose cargo de ellos mismos, pero no es así. Una cosa es ejercitarnos, ir a trabajar, atender a nuestros hijos y salir con amigos, y otra cosa es poder asumir lo positivo o negativo que resulte de todas esas responsabilidades de nuestra vida y tener momentos de disfrute: podernos consentir, darnos gusto, atender nuestras necesidades básicas, asegurándonos de que estamos bien y de la mejor forma posible para poder tener una vida más plena. Debemos cuidar nuestra salud mental, física y emocional, y atender cualquier situación que no se alinee a nuestro bienestar. Debemos ser capaces de asignar horarios a las actividades que queremos desempeñar y darnos todos los días espacios para cuidar de nuestra salud y encontrar actividades recreativas que nos den satisfacción. Aprender a darnos el descanso que nuestro cuerpo necesita sin ignorarnos, atormentarnos, castigarnos o presionarnos.

INTRADEPENDENCIA

Desde el punto de vista del dependiente emocional, la autoexigencia es algo muy común. Esa sensación de nunca ser suficiente o la búsqueda de la perfección es algo que mantiene al dependiente emocional siempre tratando, siempre resolviendo y exigiéndose de más. Esto en su justa medida no es malo, pero en el caso del dependiente resulta excesivo, pues siente que sin importar lo que haga jamás será suficiente.

Cuando empiezo a hacerme cargo de mí de forma consciente, desde mis propios límites, de lo que quiero, me gusta y me hace sentir bien, empiezo a darme prioridad y a practicar "meterme en la ecuación". Todas las circunstancias que se nos presentan en la vida y las decisiones que tomamos día con día son una ecuación. Meterme en la ecuación quiere decir tomarme en cuenta en cada decisión que hago en el día a partir de la conciencia de cómo me hace sentir lo que está pasando, por más sencilla o cotidiana que parezca esa decisión.

Pongamos el ejemplo de alguien que tiene un plan con su familia. El dependiente emocional dice que sí a todo; así, aunque haya alguna razón por la que verdaderamente no quiera ir —sea cansancio, trabajo o alguna situación incómoda con un familiar—, no es capaz de respetar su límite ni de externarlo y decir que no, o cancelar si es que el compromiso ya estaba hecho. La persona con dependencia emocional no sabe hacerse ese cuestionamiento para saber si en realidad llevar a cabo ese compromiso o asistir a ese evento es lo mejor para ella.

Una forma de empezar a hacer ese ejercicio de conciencia es decir que "no" a todo de entrada, o decir que darás una respuesta más tarde. De esta manera, tenemos tiempo de evaluar si en verdad queremos pasar tiempo con esas personas o ir a ese lugar, si es algo que en realidad nos va a aportar y si vamos a poder estar en paz cuando estemos ahí. Es posible que la respuesta sea que sí, pero lo importante es poder tomar la decisión desde la conciencia, metiéndote en la ecuación en todo momento. Es importante darnos espacio para tocar base, ser congruentes con lo que pensamos y sentimos, hacer lo correcto para darnos paz, tranquilidad y reforzar nuestra autoestima. Así empezamos a darle crédito, peso e importancia a quienes somos.

Cambiando las falsas creencias

Con esta práctica se empieza a diluir la duda que tengo siempre de mí, de lo que creo o pienso, y dejo de otorgarle el poder al otro. Es una práctica que puede generar mucho alivio y tranquilidad. La más grande amenaza del dependiente emocional es el miedo al abandono, y por eso batallan tanto para poner límites, para decir que no. Viven con la falsa creencia

INTRADEPENDENCIA

de que si le causan disgusto o desagrado al otro, serán rechazados o abandonados. Y esto se vuelve una realidad: cuando no pones límites adecuados, tu red de apoyo o tus relaciones más íntimas se acostumbran a esa forma en la que actúas y te relacionas, e incluso puede ser que esas personas obtengan un beneficio de tu incapacidad. Están acostumbradas a siempre contar contigo, aunque tú vayas acumulando resentimiento por siempre ponerte en situaciones en las que te sientes forzada, en las que abusan de ti o te manipulan. Este resentimiento al final se dirige hacia el interior.

Es importante que nos demos cuenta de nuestra responsabilidad en todo lo que nos pasa y empezar a conocer, respetar y externar nuestros límites. Al final, si no pones límites, quien no se está respetando eres tú, tú eres la que se pone en circunstancias de abuso, permitiendo el maltrato, o de obligarte a hacer cosas que en realidad no quieres hacer. El sufrimiento del dependiente emocional es inmenso, porque no solo siente que el mundo no le responde, sino que se pone en situaciones y manipula a los demás para que satisfagan sus emociones y sus necesidades afectivas, tratando desesperada e inconscientemente de controlar todo y a todos a su alrededor.

La falsa creencia de que alguien puede cambiar, hacer o darnos algo que necesitamos nos genera una decepción permanente alimentada por pequeños logros. Cuando logramos controlar una situación o que alguien nos dé algo que queremos, nos hace pensar que con el tiempo llenaremos ese vacío, y de esta manera el comportamiento se vuelve compulsivo. Estamos tratando de controlar a los demás todo el tiempo para que se hagan cargo de nosotras: que nos cuiden, que tengan detalles, que siempre se queden a nuestro lado. Cuando le asignamos ese poder al otro y creamos esta fantasía de que puede ser todo lo que necesitamos, será muy difícil salir de este ciclo compulsivo.

El objetivo de esta metodología es que aprendas a hacerte cargo de ti, que dependas solo de ti como fuente de recursos inagotable y de nadie más; que comprendas que no hay nada que otras personas puedan hacer para cubrir tus necesidades afectivas. Las relaciones pueden ser un complemento, pero no deben llevarte a depender de nada ni de nadie para sentirte completa, cómoda contigo misma, empoderada y con una capacidad de disfrute de la vida siendo quien tú eres. Con la práctica de esta metodología lograrás aceptarte y dejar de ser alguien más, para recibir el amor, la atención y el reconocimiento que has buscado toda la vida. Cuando logras este nivel de aceptación, autorreconocimiento y amor propio, ya nada resulta amenazante. Si te dan el puesto de trabajo, si logras esto o lo otro, si estás bien con tu pareja o no, todo pasa a un segundo plano, porque antes que nada tomas responsabilidad de ti. No quiere decir que no vayamos a aspirar a nuevas metas

INTRADEPENDENCIA

o esforzarnos por crecer en nuestro trabajo, pero nuestro sentido de valía dejará de depender de ese *hacer* porque aceptamos plenamente nuestro *ser*. Desde ahí podemos compartir lo compartible desde un lugar de abundancia y no de carencia, donde todo lo que está fuera de mí se vuelve un complemento más a mi plenitud, algo maravilloso. Desde ahí me puedo relacionar con libertad y amar incondicionalmente, es decir, sin esperar ni necesitar nada a cambio.

Un ejemplo perfecto de esto es en lo económico. Una persona con dependencia emocional con frecuencia también depende económicamente. Al hacer una reflexión, quizás te des cuenta de que estás en algunas relaciones por interés económico y has soportado maltrato, incomodidad o incluso abuso con tal de obtener ese beneficio. Lo que complica esto todavía más para un dependiente emocional es que se siente profundamente incapaz de proveerse a sí mismo. Pero una vez que vamos deshaciendo estas creencias y encontrando la manera de hacernos cargo de nosotras mismas, se abre la posibilidad de vivir la economía desde otra parte, en la que nunca aceptarías un maltrato por ese beneficio económico, porque no lo necesitas. Lo mismo sucede con las necesidades afectivas. Al final, las personas dependientes son sobrevivientes por definición, solo que su autoestima empobrecida y creencias sobre ellas mismas no les permiten ver su enorme potencial.

Una práctica que nos ayudará a salir de este ciclo es reconocer nuestros logros y ver todo de lo que somos capaces. Muchas veces nos sorprendemos a nosotras mismas al darnos cuenta de todo lo que hemos logrado, las cosas que hemos hecho incluso cuando las circunstancias están en nuestra contra. Es importante hacer este ejercicio por escrito, así, ante momentos de duda o inseguridad, podemos regresar a ello, recordarnos que sí somos capaces de todo eso y más.

Quizás al hacer este ejercicio también identifiques un patrón de lo que te ha salido bien, qué se te facilita y qué has disfrutado hacer realmente. A partir de ese momento, puedes procurar hacerlo por el simple hecho de que te gusta y te genera satisfacción, no buscando una gratificación o reconocimiento externo. Cuando hacemos lo que en verdad nos gusta y lo disfrutamos es más fácil actuar en congruencia con nuestros valores y principios, sin importar que alguien más nos reconozca o nos dé lo que estamos buscando.

Lo mismo sucede con el amor y las relaciones de pareja. El dependiente emocional casi siempre cree que ama con mucha intensidad, pero en realidad está en relaciones desde el apego, la necesidad y la falta, con la expectativa de recibir algo a cambio. El amor es algo distinto: cuando de verdad hay amor, nos encontramos en una posición cómoda en la que no nos tenemos que esforzar, no tenemos que cuidar lo que decimos o hacemos, no tenemos que dejar de ser nosotras mismas. En este tipo de relaciones, podemos dar sin esperar nada a cambio, porque damos desde la completud. Como tú eres capaz de proveerte de todo lo que necesitas, compartes lo compartible y das lo mejor de ti, pero no lo das todo.

En las relaciones de pareja las personas dependientes buscan llenar un hueco: buscan un papá para ellas, o para sus hijos, o un banco, a un hombre todopoderoso que les resuelva la vida. Que además sea romántico, detallista, respetuoso, saludable, que no tenga adicciones, que sea honesto, leal, dedicado, entregado, trabajador, divertido. ¡Todos estos atributos son más de un superhéroe que de un ser humano! La persona dependiente vive con la fantasía de que esta persona existe, pero es una fantasía e idealización que es totalmente inalcanzable.

La fantasía juega un papel muy importante en la vida de un dependiente emocional, porque resulta un escape que le funcionó durante la niñez para huir de una realidad amenazante y evitar el dolor. Inconscientemente, reproducimos esa fantasía en la vida adulta, pero en este caso la fantasía nos lleva a creer que el otro nos puede dar la felicidad que buscamos; a nivel inconsciente, creemos que se puede hacer cargo de nosotras y cumplir con ese estándar o características del perfil ideal que buscamos.

La idea de que la felicidad está afuera es una vía de escape a la realidad, una realidad que no nos provee lo que necesitamos y que crea expectativas poco objetivas que distorsionan la percepción de la persona, de la relación y de la propia realidad. Esto dificulta la posibilidad de establecer un vínculo saludable y perpetúa patrones de dependencia que evitan que una persona desarrolle habilidades de afrontamiento y autonomía emocional.

El dependiente emocional difícilmente confía, porque le fallaron desde niño. Creció en un ambiente en el que una persona significativa en su vida no era digna de confianza, era impredecible e inconstante. Eso resultó lastimoso y le creó un estado de ansiedad que fue la premisa para que empezara a querer controlar para tener certeza de que va a poder obtener lo que necesita, la satisfacción de esas necesidades afectivas. En el fondo, el dependiente emocional desconfía porque conoce de abuso, de manipulación y agresión de otros hacia él. Lo conoce tanto que se convierte en algo familiar y normalizado, entonces no lo identifica. Esto se convierte en su realidad: abusan de él porque no es capaz de identificar estas conductas patológicas ni es capaz de hacerse a un lado, estableciendo límites saludables.

Hay que aprender a identificar quiénes son personas confiables, personas que pueden respetar la propia forma de ser y pensar sin quererla cambiar, que son congruentes entre lo que dicen y hacen, personas que pueden cumplir con su palabra y son capaces de hablar con la verdad, sea cual sea, dolorosa o difícil. Una persona confiable demuestra un interés genuino en lo que piensas y sientes, en tu persona en general, en pasar tiempo contigo, en escuchar lo que piensas. Es capaz de respetar la confidencialidad, no utiliza la información que le diste para hacerte daño o sin tu autorización. Es empática, puede comprender tu sentir y está dispuesta a apoyarte emocionalmente. Sobre todo, son personas con las que te sientes cómoda: la referencia siempre va a estar dentro de ti. No es sobre lo que observas en el otro, sino lo que observas en ti: si te sientes a gusto, confiada, no te sientes amenazada, es alguien que no te falla, sientes que es alguien a quien puedes recurrir y está cuando lo necesitas, entonces es alguien digno de confianza, porque ahora estás consciente del maltrato de una relación poco sana, entonces puedes identificar lo que puedes esperar de un amigo, de una pareja o de un hijo.

Un resultado común en el proceso de la intradependencia es que pasamos por una especie de "limpia" de nuestras relaciones, en donde identificamos relaciones poco sanas en las que ha existido abuso, maltrato y desconsideración. Cuando has hecho el trabajo correspondiente ya no estarás dispuesta a tolerar este tipo de relación, porque ya aprendiste a poner límites.

Marcela Cuevas

Hay ocasiones en las que el otro entenderá el cambio y aceptará los límites, pero también habrá quienes reaccionen de manera brusca o exagerada. Esas personas están tan acostumbradas al poder que tenían sobre ti que no aceptan tus límites, hacen berrinche y quieren manipularte para que vuelvas a ser lo que siempre has sido, desde donde se relacionaron cómodamente hace mucho tiempo. Aquí el reto está en reconocer que hay relaciones personales que ya no te aportan.

Esto no necesariamente quiere decir que tengas que terminar con esas relaciones por completo, pero sí es importante que tomes distancia de esas personas, que ubiques con claridad que puedes convivir mas no profundizar y seas muy clara en tus límites. Cuando esta situación se presenta con alguien muy cercano, como tu pareja o familia directa, esto puede ser un poco más complicado. La buena noticia es que puedes conservarlas relacionándote de una forma distinta. No les tienes que informar ni reclamar ni pedir que cambien. Porque en este hacerte cargo de ti misma tú vas a trabajar con el resentimiento que todas estas relaciones te generaron a lo largo de la vida, y vas a tener una claridad en tus límites que ahora vas a respetar fielmente en todas tus relaciones. Como ves, este proceso no incumbe al otro, pero sí lo influye. Debes abordar la reacción del otro desde la comprensión, serte fiel y darte prioridad como hábito importantísimo.

INTRADEPENDENCIA

Poner límites saludables

Al estar más consciente de dónde tienes que poner límites o cuándo estás transgrediendo tus propios límites podrás identificar la incomodidad como un indicador valiosísimo de que no va por ahí, de que hay que salir corriendo para el otro lado. Es algo que podemos aprender desde niños como una guía para hacer conciencia de cómo nos sentimos.

Para poner límites de manera efectiva debemos tener muy claros nuestros valores. Al ser congruentes con lo que es importante para nosotros, podemos evitar todo lo que no vaya con nuestros valores o que no nos va a llevar a ser quien queremos ser. Este es otro reto: poder identificar cuál es nuestro valor más importante. Cuando tenemos claros nuestros valores, las oportunidades, los retos y las problemáticas son mucho más fáciles de resolver desde la idea de ir en pro de nosotras mismas, en esta actitud de darme prioridad, considerarme en las ecuaciones, considerar lo que es importante para mí. Lo mismo pasa con nuestras relaciones: es más fluida la relación con alguien y hay menos discrepancias y dificultades cuando hay una afinidad en los valores.

Cuando logras nutrir tus necesidades emocionales es más fácil poner límites sin tener que justificarlos. Puedes hablar claro y directo desde una postura respetuosa hacia el otro y siempre hablando desde ti, desde cómo te sientes, utilizando el yo en tu lenguaje sin culpar ni poner de pretexto algo o a alguien. Poder decir: necesito tiempo para mí; me responsabilizo y no culpo al otro por no tener tiempo para mí, o hacerme sentir culpable. La que está incómoda consigo misma soy yo, la culpa no es del otro, soy yo quien no sabe poner límites.

Hay ocasiones en las que al poner un límite dudas, te arrepientes, y se vale cambiar de opinión. Pero poco a poco podrás mantener una mayor firmeza en tus límites porque estarás convencida de lo que te hace sentir mejor y reconocerás que poner límites es una forma de cuidarte a ti; además, desde este reconocimiento se irá diluyendo la culpa de ponerte en primer lugar. Cuando tengas esta claridad de quién eres y qué es importante para ti, podrás entablar una comunicación más asertiva, respetando tus necesidades y tus límites, respetándote a ti y a los demás, lo que te ayudará a ser más efectiva en tu comunicación sin caer en la agresividad. Los límites vendrán naturalmente en cada decisión que tomas, en cada relación que mantienes en tu día a día. Podrás escuchar la persuasión del otro o lo que tenga que decir desde una posición cómoda y desde la claridad de lo que es importante para ti.

Las personas que no pueden poner límites tienen mucho resentimiento. Acumulan el resentimiento de no poder decir que no, de no poder quitarse de esas situaciones de incomodidad, maltrato y abuso. Son personas complacientes, que todo el tiempo están priorizando las necesidades del otro antes que las suyas, se sobrecargan de responsabilidades o situaciones incómodas. Son personas que se descuidan, están agotadas, cansadas, hartas, infelices, muchas veces intolerantes. Huyen del conflicto porque difícilmente pueden expresar un desacuerdo o contradecir a alguien más; aunque difieran sus posiciones, no las expresan. Tienen una tendencia a tomar los problemas de los otros como propios; se dejan influenciar con facilidad. Son propensas a ceder ante la presión y a cambiar sus decisiones para mostrarse de acuerdo con lo que les demandan los demás. Sienten culpa si no cumplen con las expectativas de los demás, y nunca saben qué quieren; no tienen claro lo que les gusta, lo que quieren o necesitan. Esto es por un temor al rechazo o al abandono, por miedo a que se alejen, a perder la amistad o la relación si contradicen, están en desacuerdo o no cumplen con todo lo que el otro quiere.

Al aprender sobre las necesidades afectivas que no fueron cubiertas en la infancia y entender que es hora de hacerte cargo de ti, de cubrirlas por ti misma, das un paso más hacia la intradependencia. Insisto en que esto no quiere decir que las relaciones (de pareja o de otro tipo) no son una parte valiosísima de la vida, sino que son algo que siempre debe sumar sin causar ansiedad, miedo ni preocupación.

Herramienta
Checklist para cubrir tus propias necesidades afectivas

El cuidado de nuestras necesidades afectivas es fundamental para nuestro bienestar emocional y para conquistar la intradependencia. Este *checklist* está diseñado como una guía personalizada para cultivar una relación saludable contigo misma. Al seguir estos pasos, te permitirás priorizarte, reconocer tus necesidades y fortalecer tu conexión emocional interna. Recuerda, esta lista es una herramienta flexible que puedes adaptar a tu propia experiencia.

- ☐ **Cambia el enfoque hacia ti.** En lugar de dirigir toda tu atención hacia afuera, enfócala en ti, reconociendo tus propias necesidades y emociones.
- ☐ **Considérate en cada decisión.** Asegúrate de meterte en la ecuación y tomarte en cuenta en todas tus decisiones a lo largo del día, reconociendo la importancia de darte prioridad.
- ☐ **Haz un balance personal.** Tómate el tiempo para conectar contigo, evaluar cómo te sientes y qué necesitas en cada momento.

INTRADEPENDENCIA

- **Date prioridad.** Escucha tu instinto y otórgales prioridad a tus necesidades personales, permitiéndote cuidarte y atender tus propias demandas.
- **Identifica preferencias.** Reconoce aquello que te gusta y lo que no te agrada, honrando tus preferencias y diferencias individuales.
- **Reserva tiempo para ti.** Destina un espacio en tu día exclusivamente para ti, donde te concedas placeres o actividades que te hagan sentir bien cada día.
- **Reconoce desencadenantes.** Identifica los desencadenantes o disparadores que generan incomodidad o te hacen sentir la necesidad de defenderte o reaccionar con agresividad, para trabajar en ellos de manera consciente.
- **Cuida tus necesidades básicas.** Presta atención y cuida diligentemente tus necesidades esenciales: descanso adecuado, hidratación, alimentación, ejercicio o movimiento, higiene mental, emocional y física.
- **Practica la autorreflexión.** Observa cómo reaccionas, lo que haces bien y lo que haces mal y cómo eso puede afectar a los demás, fomentando la autorreflexión para un crecimiento personal continuo.
- **Acepta a los demás.** Reconoce que cada persona es quien es y hace lo que hace y no va

a cambiar a menos de que se esfuerce para ello; interactúa con ellas desde esa perspectiva y evita tomar las cosas de manera personal.

- **Relaciónate con personas positivas.** Prioriza pasar tiempo con aquellas personas que te hacen sentir bien, con quienes coincides en valores, para nutrir relaciones que te aporten emocionalmente.
- **Haz un *check-in* personal.** Desarrolla el hábito de hacer un chequeo contigo, manteniendo conciencia de tus emociones y estado mental.
- **Reconoce la incomodidad.** La incomodidad es una señal clave que indica áreas que requieren atención y cuidado; cuando no te sientas cómoda es el momento para retirarte de determinada circunstancia o lugar.
- **Establece límites.** Practica poner límites saludables, respétalos y evita situaciones que te hagan sentir incómoda o no te beneficien emocionalmente.
- **Diálogo interno saludable.** Cultiva un diálogo interno constructivo, donde te escuches, te cuestiones y analices si lo que piensas es veraz o está influenciado por traumas o creencias arraigadas.
- **Haz una lista de lo que te gusta.** Una característica común entre las personas con dependencia

INTRADEPENDENCIA

emocional es que no saben cómo apapacharse. Encuentra las maneras que más te gustan para cuidar de ti y haz una lista de ellas.

CAPÍTULO 3
Toma de conciencia

La intradependencia quiere decir depender radicalmente de nosotras mismas. Los primeros dos pasos del método INTRA nos llevan a un proceso profundo de autoanálisis y autoconocimiento al analizar nuestra infancia, lo que nos hace únicas e irrepetibles, y al reflexionar sobre las necesidades afectivas de las que hemos carecido y quizás hemos buscado en los lugares incorrectos. Ya que tenemos toda esta información sobre nuestra propia esencia y nuestra historia, el siguiente paso es aprender a identificar los comportamientos que teníamos que se basaban en la negación de nosotras mismas y en la dependencia de los demás. La toma de conciencia nos lleva a cambiar la manera en la que nos relacionamos con nosotras mismas, con el mundo, en nuestras relaciones cercanas con nuestra familia, pareja, amigos y en el trabajo. En este punto, puedes tomar conciencia de la realidad de las cosas para así asumir la responsabilidad de tu propia vida. Debes preguntarte por qué sientes miedo y por qué has intentado resistirte de ser tú, quien realmente eres en esencia. Una vez que eres consciente de la realidad tal cual es, puedes utilizar las herramientas que aquí te doy, basándote en el autoconocimiento, conciencia de ti y tus valores para responder a lo que sea, en pro de la vida que estás construyendo.

Convivir con el control y el miedo

La dependencia emocional y una adicción comparten características como la negación y el control. La necesidad imperiosa de controlar todo y a todos los que se dejen, que se manifiesta también en una intolerancia a los demás, viene desde una carencia afectiva profunda desarrollada a temprana edad. Esta falta provoca una necesidad insaciable de afecto cuando se cree que la fuente de afecto está en algo o alguien del exterior y se vuelve compulsivo. Cuando atribuimos a otros el poder de nutrir nuestras más profundas necesidades de afecto, somos capaces de someternos a lo que sea en la relación con esa otra cosa, sustancia o persona con tal de no perderla, pero estamos constantemente intentando controlarla para que sea lo que necesitamos que sea: una persona proveedora y rescatadora desde la fantasía de que obtengo en ella un sentido de bienestar, evitando así sentir mi malestar.

Es tal la necesidad que también nos confundimos pensando (aunque es una creencia inconsciente) que podemos cambiarla y convertirla en lo que necesitamos y queremos que sea. Esta falsa creencia donde nos otorgamos este gran poder es la que nos hace oscilar entre los extremos de la supremacía y la inseguridad desde una autoestima empobrecida. Todo esto genera una constante decepción, porque al entregarnos totalmente, en vez de dar solo lo mejor que tenemos, nos anulamos en el proceso. El no obtener lo que esperamos genera resentimiento. Y es que no tenemos la capacidad de comprender que esa sustancia que consumimos compulsivamente o la persona a la que le adjudicamos mil cualidades desde la idealización no nos pueden proveer de lo que necesitamos. Cuando el otro no hace lo que queremos y nos damos cuenta de que no es quien creemos que es, sentimos una profunda decepción. En esa entrega total, nos es difícil entender cómo esto genera sufrimiento; no es la entrega *per se* lo que lastima, si no el dar esperando recibir algo a cambio, con la entrega total, donde nos anulamos por completo en la espera de lograr algo, que el otro cambie, que me dé

INTRADEPENDENCIA

lo que yo le doy, que se dé cuenta, que mejore, que sea la persona que creo que debería de ser, etcétera.

La clave para entender la línea delgada entre *compartir* con el otro y entregarte totalmente con la esperanza de recibir algo a cambio está en tomar conciencia de la motivación del acto de entrega. En realidad, lo que genera el sufrimiento es el arraigo de nuestras creencias, porque estamos convencidas de que alguien más nos puede dar lo que necesitamos para estar bien o ser felices. Si en la infancia sentiste que solo cuando tus padres estaban bien tú estarías bien y recibirías cariño, atención y afecto, entonces aprendiste a tratar de controlar a los otros para que también estén bien y te proporcionen el afecto que quieres. Si aprendiste que tenías que ganarte el afecto de tus padres, te esforzarás buscando el afecto de otros en tus relaciones, con la fiel creencia de que si te esmeras el otro debe de responder afectivamente. El amor incondicional es aquel que se da cuando se logra la intradependencia, en el que se ama sin esperar nada a cambio, en el cual el hecho de entregarte en amor es lo que te otorga una satisfacción genuina, y no lo que puedas obtener a cambio.

Después de la decepción y el resentimiento, la persona dependiente emocionalmente suele adoptar un papel de víctima ante una circunstancia que solo existe en su mente: la idea de que no es suficiente para que el otro le dé todo y llene su vacío. La realidad es que somos nosotras mismas quienes nos decepcionamos al idealizar al otro y luego dejarlo para ir en búsqueda de alguien más que llene ese vacío, alguien que nos rescate.

Aquí el miedo juega un papel muy importante: las personas dependientes viven con miedo porque en el fondo saben que las conductas que han repetido compulsivamente en su vida no les han dado resultado y siguen sintiéndose vacías e insatisfechas con la fantasía de que algún día encontrarán algo o alguien que les dé lo que necesitan para ser felices. Tienen miedo a ser decepcionados, a no poder salvarse de ese ciclo vicioso de sentirse insuficientes, miedo al rechazo, a no encontrar a esa persona que las llene. La realidad es que esa persona, así como la han concebido, no existe.

La toma de conciencia nos lleva a finalmente poder ver las cosas como son, identificando que el origen del malestar y ese sentimiento de vacío están dentro de nosotras y solo ahí mismo podemos resolverlo. No es un trabajo fácil, pues estamos acostumbradas a enfocarnos eufórica y compulsivamente en el exterior, pero cuando lo trabajamos alcanzamos una comprensión maravillosa, desde donde podemos ver que nadie nos hace nada, que simplemente cada uno es como es y hace lo que hace, que su actuar es una proyección de quien es cada quien, de su lucha, de su necesidad, su dolor y sus miedos, igual que tu actúas desde la inconsciencia los tuyos y no es personal. Te das cuenta del alivio que representa la intradependencia, desde donde no necesitas a nadie para estar bien y realizada.

Ahora comprendes que las conductas de los demás y las situaciones externas en realidad fungen como disparadores de nuestros propios y precarios miedos y traumas, y la reacción automática de un dependiente emocional es tomárselo personal. Cuando logramos esta toma de conciencia, nos damos cuenta de que esto no tiene nada que ver con nosotras. Para romper el círculo vicioso de la dependencia es necesario responsabilizarnos de nosotras mismas. Esto puede resultar amenazante para quien lleva toda una vida queriendo que alguien más haga todo por él, pero darte cuenta de que tu vida, tu paz y tu felicidad dependen de ti es profundamente liberador.

La toma de conciencia en las relaciones de pareja

Aunque la dependencia se da en todo tipo de relaciones, con frecuencia en las parejas es donde vemos los efectos más dañinos. En las relaciones de pareja de una persona dependiente es común ver situaciones de abuso, porque se le dificulta poner límites. La pareja, que casi siempre es una persona emproblemada, se da cuenta de que el dependiente emocional es capaz de tolerar todo con tal de recibir algo de afecto, ya sea una mirada, una sonrisa o una palabra. La elección de parejas con problemas similares es común, pues es más fácil para el dependiente emocional centrarse en resolver los problemas del otro en lugar de enfrentar los suyos propios. Es común que esto desencadene dinámicas dañinas para ambas personas, por ejemplo, la del "sometedor-sometido".

La dinámica sometedor-sometido es disfuncional y perjudicial para ambas partes. El "sometedor" puede sentirse insatisfecho porque la sumisión del otro no satisface sus necesidades emocionales genuinas, lo que puede llevar a un ciclo de control y manipulación cada vez más intenso. Otto Kernberg sostiene que para superar esta dinámica disfuncional es fundamental que ambas partes de la relación trabajen en sus inseguridades y patrones de comportamiento.

Así, en las relaciones dependientes una de las partes asume el papel de sometido, mientras la otra se convierte en el sometedor. Esta dinámica es intrínsecamente destructiva y poco saludable. El individuo en el rol de sometido a menudo experimenta una autoestima empobrecida, inseguridad y una intensa necesidad de aprobación y validación por parte del sometedor. Por otro lado, el sometedor puede sentirse poderoso, necesario y ejercer control sobre el sometido. Esto puede llevar al

INTRADEPENDENCIA

sometido a sacrificar sus propias necesidades, deseos y límites para mantener la relación y satisfacer al sometedor. En algunos casos, el sometedor puede ser el individuo que ejerce el control y el poder sobre el sometido. Puede ser manipulador, crítico y dominante. Este ciclo perpetuo de búsqueda de aprobación por parte del sometido y el poder ejercido por el sometedor crean una dinámica poco saludable en la que el sometido se vuelve más dependiente y el sometedor más poderoso con el tiempo. Esto tiene efectos negativos en ambas partes: ansiedad y presión para el sometido y agotamiento por mantener el control constante para el sometedor.

Para romper con esta dinámica y construir relaciones más saludables, ambas partes deben trabajar en su autoestima, establecer límites saludables y desarrollar una comunicación abierta y equitativa. El autoconocimiento desempeña un papel importante en este proceso y puede lograrse a través de métodos como INTRA de introspección o terapia. Debes identificar en qué papel te encuentras en esta dinámica, cómo lo desempeñas y cómo te afecta. La conciencia de tu rol en la relación te permitirá buscar un sentido de realización, bienestar y relaciones efectivas y saludables.

Además, es importante reconocer que la dependencia puede considerarse una forma de adicción, ya que comparte características comunes, como la negación, la obsesión, la compulsión y la pérdida de control. Esta necesidad de control es una respuesta a la inseguridad y al deseo de obtener lo que se necesita de la persona u objeto de obsesión en la relación. El método que estamos trabajando te ayudará a identificar y cambiar estos patrones para crear una dinámica de relación saludable y equilibrada.

Estas dinámicas y comportamientos son mecanismos de defensa que se desarrollaron en la infancia para enfrentar una realidad dolorosa. Las personas dependientes son atraídas por parejas con patologías o adicciones, ya que esto les permite volverse indispensables para asegurarse de no ser abandonadas. También adquieren un sentido de valor al sentirse menos enfermas que el otro, sentirse necesitadas y útiles para el otro, al forzar, en su mente, al otro para que responda de manera afectiva y las valore por su entrega total. Esta dinámica puede surgir debido a una serie de factores, como una autoestima empobrecida, el autoconcepto negativo y la falta de límites personales.

Un temor adicional de las personas dependientes es el de poder intimidar. Al relacionarse con personas emocionalmente distantes o no disponibles, pueden evitar intimidarlas y, por lo tanto, no sentirse ellas mismas amenazadas. La dependencia se convierte en una forma de evitar la verdadera conexión emocional, lo que perpetúa el ciclo de la dependencia. Las personas dependientes siguen recurriendo a conductas ineficaces desarrolladas en la infancia para evitar sentirse abandonadas. Estas conductas generan ansiedad y miedo constantes. Tomar conciencia de estos patrones es un paso importante para lograr la intradependencia.

El autoconocimiento

El autoconocimiento es una herramienta poderosa en el camino hacia la intradependencia. Al comprender nuestras propias motivaciones y patrones de comportamiento, podemos comenzar a tomar decisiones que no vienen de un apego o carencia. Esto implica reconocer nuestras emociones, potenciar nuestras habilidades relacionales, aumentar nuestra autoestima y aprender a establecer límites saludables. Al dejar de depender de algo o alguien para vivir, nos potencializamos creando la mejor versión de nosotras mismas desde la plenitud y la abundancia.

Las personas dependientes llevan consigo heridas emocionales no resueltas de la infancia. Es importante abordar estas heridas a través de la resolución de duelos, tomando conciencia de las pérdidas o faltas que experimentamos en la infancia, ya sea en forma de falta de atención, afecto o apoyo emocional. La resolución de duelos nos ayuda a liberar emociones reprimidas y sanar heridas profundas. Al tomar conciencia de nuestro dolor y trabajar en su liberación avanzamos hacia la intradependencia, reconociendo que tenemos todo lo que necesitamos y podemos ser nuestras máximas proveedoras.

Una parte importante del proceso de toma de conciencia es explorar nuestro inconsciente, el cual alberga deseos y necesidades reprimidas que influyen en nuestras acciones y decisiones. Al traer estas motivaciones y deseos a la luz podemos comprender por qué actuamos de cierta forma. El crecimiento personal implica reconocer los aspectos de nosotras mismas que hemos estado evitando o negando durante mucho tiempo. Esto incluye la exploración de nuestros patrones de comportamiento y la identificación de nuestras creencias limitantes arraigadas en el inconsciente.

También debemos explorar nuestras emociones reprimidas. Al traer estas emociones a la superficie y liberarlas, podemos aliviar la tensión psicológica que han generado. Esto puede hacerse a través de la introspección, la interpretación y la expresión emocional. El proceso de introspección nos permite acceder a los aspectos ocultos de nuestra mente y comprender mejor nuestros patrones de comportamiento y pensamiento. Al identificar y abordar estas emociones, podemos trabajar en dejarlas estar, atendiendo lo que nos quieren comunicar y el malestar que nos pueden estar generando para así adoptar patrones saludables y constructivos.

INTRADEPENDENCIA

La repetición de patrones

El dependiente emocional no tolera la incomodidad y tiene una baja tolerancia al sufrimiento, al dolor, a la incomodidad y a la frustración. Cuando una relación llega a su fin, le resulta extremadamente difícil procesar la pérdida o atravesar el duelo, ya que ha idealizado la relación, a la pareja, con la firme creencia de que es para siempre proveedora de su bienestar. A menudo, el dependiente emocional tiende a centrarse en sí mismo y a tomarse todo de manera personal. Creen que las circunstancias giran a su alrededor y que es el responsable de todo. Esto representa un conflicto interno.

La toma de conciencia implica reconocer este patrón de emociones amenazantes o perturbadoras que te mantienen atrapada en un ciclo obsesivo y compulsivo de manipulación obstinada para tratar de obtener el afecto fuera de ti. Para romper este patrón es necesario empezar por reconocerte y priorizarte. Esto implica entender que nadie puede abandonarte, excepto tú misma.

Las creencias que nos mantienen repitiendo patrones de dependencia suelen ser moldeadas por relaciones poco saludables. La dependencia surge de la necesidad constante de aprobación y del miedo al abandono, lo que conduce a buscar validación externa. Estas creencias refuerzan un patrón de comportamiento dependiente.

Hay dos enfoques para cambiar estas creencias: la terapia y los métodos de autorreflexión que promueven la independencia emocional, como la intradependencia a través de la metodología que estamos trabajando. Modificar estas creencias es posible siempre y cuando exista la persistencia y el deseo de cambiar por parte de la persona. El primer paso es identificarlas, lo cual se logra a través de la autoevaluación que hiciste en los capítulos anteriores. Al cuestionarte qué creencias te mantienen en este patrón, puedes descubrir frases como: "No puedo hacerlo sola", "Necesito una pareja para ser feliz", "Debo alcanzar ciertas metas para ser feliz". Algunas de estas creencias suelen estar vinculadas a la autoestima y al miedo al abandono. Detrás de estas creencias, por lo común, se esconde un miedo profundo. Una vez que las identificas puedes reflexionar sobre su origen, que a menudo se asocia con relaciones tóxicas y patrones familiares. La infancia y las experiencias tempranas juegan un papel importante en cuestionar estas creencias que formamos consciente o inconscientemente o son heredadas, para darles un nuevo significado. Si el trabajo de autorreflexión que estás haciendo no es suficiente, es importante buscar la ayuda de un profesional.

Durante este proceso es fundamental practicar la compasión y la autoaceptación. Los dependientes emocionales a menudo tienen dificultades para enfrentar la

INTRADEPENDENCIA

realidad tal como es, y tienden a distorsionarla debido a su inseguridad y a una vida regida por el miedo. El dependiente emocional se agota al tratar de modificar y controlar todo y a todos, con la creencia persistente de que logrará cambiar a los demás o las circunstancias. La clave aquí es cultivar la intradependencia y la autonomía emocional; no suprimir las emociones, sino tolerarlas y permitir que fluyan. Tomar decisiones por ti, confiando en que toda respuesta está en tu interior, en tus propias habilidades y criterio, se logra desde la intradependencia. Poner límites, identificar lo no negociable y tomar decisiones asertivas se convierten en herramientas importantes que indican hacia dónde te diriges. Al poner límites te haces responsable de ti y tomas decisiones que te hacen sentir mejor, sin depender del amor y aceptación de los demás. Esto implica practicar el autocuidado y decidir cómo deseas pasar tu día para poder construir la vida que quieres. Para apoyar este proceso existen herramientas, como técnicas de afrontamiento, habilidades para manejar el estrés, la ansiedad y otros desafíos emocionales de manera saludable y constructiva.

Cuando vivimos desde la dependencia tenemos una preocupación excesiva por el otro, que se manifiesta en un deseo de controlar y ofrecer ayuda sin que sea solicitada, con el fin de sentirnos indispensables. Las personas emocionalmente dependientes se dedican a leer a la otra persona, tratando de anticipar sus necesidades y reacciones para así crear un vínculo de dependencia en ella.

Esto las lleva a someterse y anularse debido a una autoestima disminuida, lo que a menudo las hace víctimas de abuso. Les resulta difícil establecer límites y en el contexto de sometido-sometedor pueden alternar entre ser dominantes y ególatras con sentimientos de superioridad. Los roles de sometedor y sometido no son fijos en esta dinámica. Las personas que cumplen el rol de sometidas también suelen tener dificultades para identificar y satisfacer sus propios deseos y necesidades, sin saber lo que les gusta o no.

Subyace una necesidad inconsciente de reparar en relaciones actuales las faltas de las relaciones pasadas, de edades tempranas, por eso repetimos patrones y no somos capaces de ver las señales de advertencia como tales, sino que las tenemos normalizadas. Esta necesidad inconsciente de reparar relaciones, así como la disfuncionalidad en general, es algo que nos es conocido y familiar, por lo que nos hace sentir cómodas en relaciones patológicas y disfuncionales.

Cuando reflexionamos sobre el funcionamiento del inconsciente y cómo afecta nuestra vida, trayendo a la conciencia las experiencias traumáticas y los patrones inconscientes que surgieron en la infancia, podemos dejar de reaccionar de manera mecánica y compulsiva.

INTRADEPENDENCIA

En su lugar, actuamos y respondemos de manera asertiva y responsable, ganando libertad y control sobre nuestra vida.

La toma de conciencia implica reconocer lo que opera en nuestro inconsciente y subconsciente. Esto nos permite obtener una visión completa y precisa de quiénes somos realmente, tomando decisiones alineadas con nuestros valores y deseos auténticos. Además, nos brinda la oportunidad de modificar patrones negativos arraigados en el inconsciente. Al hacerlos conscientes podemos trabajar en cambiarlos y adoptar patrones de pensamiento y comportamiento más saludables y positivos.

La exploración del inconsciente conlleva un crecimiento personal significativo al reconocer aspectos que hemos evitado y negado. Esto puede conducir a una mayor armonía interna y reducir la ansiedad en las interacciones. Superar traumas también depende de traer a la conciencia experiencias traumáticas que han sido reprimidas y resignificarlas, de lo cual hablaré a profundidad en el siguiente capítulo.

Finalmente, la toma de conciencia nos otorga un mayor sentido de control sobre nuestra vida. Al ser conscientes de lo que sucede en nuestro inconsciente, adquirimos claridad sobre quiénes somos y cómo nos afecta lo que vivimos. En lugar de ser influenciadas por fuerzas desconocidas, tomamos decisiones asertivas y conscientes, viviendo una vida auténtica, plena y libre de patrones limitantes.

En una relación sana el amor es recíproco, la prioridad es una misma, se da lo mejor que una puede ofrecer, pero no se da todo. No nos sacrificamos por el otro en detrimento de nosotras mismas. Existe un equilibrio en la relación con respeto, honestidad, lealtad, no por obligación, sino por elección, confianza, responsabilidad; se ama sin esperar una recompensa a cambio. Se tolera el espacio del otro, se fomenta el crecimiento personal y, por lo tanto, el crecimiento de la relación.

Permanecer en una relación tóxica se debe a diferentes tipos de apego, como la dependencia económica, la estabilidad, el placer sexual, el bienestar y el afecto. A veces, simplemente estar en una relación nos hace sentir que hemos logrado algo, lo cual es una percepción errónea.

Es importante que los dependientes emocionales cuestionen la creencia de que tienen que hacer algo para ganarse el reconocimiento, la comprensión o el amor de los demás. Esta mentalidad es agotadora y es fundamental tomarse el tiempo de trabajarla a partir de las herramientas que te proporciono en esta metodología.

La toma de conciencia es un proceso profundo y transformador que nos permite pasar de la dependencia emocional a construir relaciones saludables. Al com-

INTRADEPENDENCIA

prender la dinámica sometedor-sometido, los mecanismos de la dependencia y al trabajar en nosotras mismas, a través de la intradependencia, podemos experimentar una vida plena y auténtica conectando con nuestro poder cuando lo necesitemos. El método INTRA nos brinda la oportunidad de crecer personalmente, enfrentar heridas emocionales y liberarnos de las ataduras del pasado. En última instancia, la toma de conciencia nos lleva a la resignificación, donde asumimos el control de nuestra vida y dejamos de ser víctimas de las circunstancias. Nos libera de la culpa y la vergüenza, permitiéndonos vivir con fortaleza interna, autenticidad y plenitud.

Herramienta
Escribe tus logros

En la toma de conciencia es importante también hacer un recuento de lo que sí tienes, tus logros y tu valía, además de lo que tienes que trabajar. Tómate un momento para reflexionar sobre tus logros personales. Encuentra un espacio tranquilo y cómodo para realizar esta reflexión. Ten a la mano papel y pluma, y cualquier otro material que te inspire. Comienza respirando profundamente y relajándote. Piensa en los logros importantes que has alcanzado en tu vida, sin importar lo pequeños que puedan parecer. Pueden ser logros académicos o profesionales y hasta desafíos personales superados.

Haz una lista con por lo menos 15 logros. Solo nómbralos sin extenderte ni describirlos. Estos logros son de toda índole: personal, profesional, o cualquier otro de resolución o aprendizaje que hayas tenido a lo largo de tu vida. Reflexiona sobre el impacto de cada uno en tu crecimiento personal, cómo te hizo sentir y los obstáculos que superaste para conseguirlo. Una vez completada la lista, tómate un momento para leerla en voz alta o en silencio. Reafirma cada logro y celebra tu dedicación y valentía en alcanzarlo. Agradece y reconoce tu capacidad, tu esfuerzo, empuje y compromiso contigo misma.

Guarda esta lista para que puedas revisarla siempre que necesites recordar de lo que eres capaz, tu valía y tus posibilidades. Esta actividad busca reconocer tu fuerza y crecimiento personal a través de tus logros. Permítete sentir tu valía, tu gran capacidad y tus herramientas para enfrentar los retos o metas planteadas, el orgullo y la satisfacción de tus propios éxitos, sin importar su magnitud.

CAPÍTULO 4

Resignificación

En la búsqueda de una vida plena y satisfactoria, a menudo, nos encontramos en un viaje interno para comprender quiénes somos y cómo nuestras experiencias pasadas han moldeado nuestras creencias y comportamientos. Una vez que pasamos por el reconocimiento de nuestra individualidad y nuestras necesidades afectivas y tomamos conciencia sobre el comportamiento que hemos tenido hasta ahora, el siguiente paso es la resignificación. La resignificación es un proceso que nos permite liberarnos de las cadenas invisibles que nos atan a patrones dañinos y relaciones dependientes al ver con otros ojos y desde otra perspectiva nuestras experiencias tempranas, nuestras relaciones, y encontrar nuevos significados a nuestras creencias y relaciones. A lo largo de estas páginas exploraremos cómo la resignificación nos puede llevar a una transformación profunda y liberadora.

Como hemos visto, la dependencia emocional se origina en la búsqueda desesperada de amor, aprobación y seguridad compulsiva en las relaciones con los demás o en la fuga con sustancias, creencias y cosas. La necesidad de obtener algo a cambio de nuestros actos nos lleva a una lucha constante por demostrar nuestra valía, así como al intento incansable de controlar a los demás para que respondan a nuestras necesidades. Nos volvemos prisioneras de un ciclo de deseo y necesidad, esperando que otros satisfagan nuestras expectativas para sentirnos completas. Sin embargo, este enfoque puede ser un camino hacia la desilusión y la insatisfacción.

La resignificación nos insta a hacer un ejercicio de profunda honestidad, uno en el que debemos reflexionar. Nos enfrentamos a la lucha con la realidad, esa lucha interminable por demostrar que no somos las culpables de las circunstancias que nos rodean y que tenemos la razón, defendiéndonos constantemente. Queremos que otros comprendan, que reconozcan que no somos nosotras quienes los maltratamos, y nos esforzamos en hacerles ver su propio papel en nuestro sufrimiento, victimizándonos.

Sin embargo, aquí es donde cometemos un error fundamental: esperar que otros comprendan y asuman su responsabilidad es un esfuerzo innecesario. La vida, las personas y la realidad misma nos muestran una y otra vez quiénes son. Cuando alguien nos muestra quién es, debemos creerlo. Negar la realidad y esperar que otros cambien es una batalla que no se puede ganar. Aquí es donde encontramos el poder para cambiar nuestra propia realidad, para cambiar lo que hacemos comprendiendo que la salida viene de adentro y que podemos moldear nuestra realidad trabajando en nosotras mismas. Porque cuando estamos bien todo se acomoda y no al revés.

La verdadera locura radica en esperar que alguien haga algo diferente mientras negamos la realidad una y otra vez. No lo olvides: el otro es como es. No cambiará a menos que así lo desee y haga algún esfuerzo real para conseguirlo; pero nadie nos hace nada, el otro es como es y si te fijas siempre ha sido igual. Comúnmente nos cuesta trabajo ver esa realidad, nos duele y quisiéramos ignorar esas partes del otro que nos incomodan.

Dejar de depender de lo externo y acceder a nuestro poder se logra cuando estamos comprometidas con ser nuestro mejor aliado y convencidas de que queremos vivir desde la libertad. Muchas veces, en la búsqueda de ser consideradas "buenas personas" y entregarnos al cien por ciento, nos colocamos en una posición de desventaja ante los demás. Nuestra historia personal, las experiencias de la infancia y las heridas emocionales pasadas a menudo impulsan nuestra necesidad de demostrar a los demás la valía que tenemos, con el fin último de obtener aceptación, afecto, reciprocidad del otro y asegurar que no nos abandone. Pero en ese afán, como hasta ahora no podíamos vernos y darnos prioridad, entrábamos en un ciclo autodestructivo pasando por encima de nosotras mismas y generando resentimiento al no tener la respuesta que queríamos o esperábamos del otro.

Este patrón puede ser un legado de la infancia, una respuesta a las heridas emocionales y las experiencias que no pudimos resolver. Como adultos, repetimos los mismos patrones en nuestras relaciones, ya sea con amigos, parejas o hijos. Estos patrones de dependencia emocional nos mantienen atrapadas en una batalla interminable por ganarnos el amor y la aceptación que necesitamos.

La resignificación es un proceso poderoso que nos invita a cuestionar la realidad que hemos construido para nosotras mismas. Nos lleva a cuestionar nuestras creencias más arraigadas, a dejar de buscar fuera de nosotras la validación y la aprobación que anhelamos. En lugar de culpar a los demás y a las circunstancias externas, nos da la oportunidad de mirar hacia adentro y reconocer la infinidad de posibilidades que hay naturalmente en nosotras.

En este viaje de resignificación descubrimos que somos capaces de actuar desde el amor en lugar de desde la necesidad. Comprendemos que si alguien nos lastima, podemos entender que algo en su interior lo impulsó a hacerlo, y respondemos desde un lugar de comprensión y empatía en lugar de reactividad. Actuamos en armonía con nuestra esencia, lo que nos permite conectarnos con los demás de una manera más genuina y compasiva, comprendiendo que cada uno libra su batalla con los recursos con los que cuenta en un momento dado.

A medida que avanzamos en el proceso de resignificación nos damos cuenta de que somos inmunes a lo que otros hagan o digan. Esto no significa que dejen de importarnos los demás; más bien, significa que nuestro bienestar ya no depende de las acciones de los demás. Vivimos en paz con nosotras mismas, manejando nuestra vida con confianza y autenticidad. Dejamos de buscar fuera de nosotras para encontrar la felicidad y comenzamos a encontrarla en todo, siendo fieles a nuestra esencia.

El inconsciente

El funcionamiento psíquico del inconsciente y la interacción de las diferentes instancias de la personalidad desempeñan un papel interesante en el análisis de la dependencia emocional. Para comprender mejor este fenómeno es esencial considerar cómo estas instancias afectan el comportamiento y la búsqueda de validación emocional.

Una parte importante de nuestra psique son los impulsos y deseos más primitivos. En el contexto de la dependencia emocional, se asocian con las necesidades y deseos de conexión, afecto y validación emocional provenientes de otra persona. Esta parte de la personalidad tiende a ser compulsiva, impulsiva y desenfrenada, pues busca la satisfacción a toda costa.

Otra parte de nuestra psique busca el equilibrio entre estas demandas y la realidad, intentando encontrar una manera de satisfacer las necesidades del individuo de acuerdo con la realidad circundante. En términos de dependencia emocional, esto se manifiesta en la forma en que una persona intenta saciar sus necesidades insatisfechas, a menudo buscando la aprobación y la atención de otra persona. Existe una mediación entre el deseo inmediato y la comprensión de lo que es posible en el mundo real.

Por otro lado, internalizamos normas, valores y expectativas de la sociedad que residen en el inconsciente. Estas influyen en las elecciones y relaciones de un individuo en función de sus creencias preconcebidas sobre lo que es correcto, lo que debe ser y lo que es socialmente aceptable. En el contexto de la dependencia emocional, estas normas internalizadas desempeñan un papel importante al dictar cómo se abordan las necesidades emocionales, basándose en las nociones preconcebidas de lo que es correcto o apropiado.

La interacción entre estas tres partes del inconsciente es fundamental para comprender cómo afectan el comportamiento y a la persona en el contexto de la dependencia emocional. Por un lado, buscamos impulsar o satisfacer nuestras necesidades de manera intensa y obsesiva, pero buscando una forma realista de satisfacer estas necesidades en función de las creencias y normas internalizadas. Esta dinámica compleja puede contribuir a la dependencia emocional y las dificultades para romper con patrones de relación, los cuales son en gran medida inconscientes.

Límites y la importancia de la autocompasión

En el camino hacia la intradependencia, poner límites se erige como una herramienta esencial. Estos límites pueden ser comparados con fronteras saludables y claras en nuestras relaciones con los demás. Definen lo que es aceptable en términos de comportamiento, espacio vital, tiempo y recursos, tanto para una misma como para los demás. Recuerda que los límites no están diseñados para los demás, sino para nosotras mismas.

Establecer límites no es un acto egoísta; más bien, es una muestra de autocompasión, amor y respeto hacia ti. Al fijar límites expresas de manera clara lo que te hace sentir cómoda y lo que te incomoda en una relación. Esto permite una comunicación efectiva y un entendimiento mutuo, donde simplemente no harás nada que te incomode.

Ser egoísta implica priorizar nuestras propias necesidades y deseos por encima de los demás sin considerar sus sentimientos o necesidades. Esto es a costa de lo que sea y puede llevar a una actitud insensible hacia los demás. Poner límites, en contraste, se basa en el respeto mutuo y la comunicación efectiva. Los límites son una habilidad importante para mantener relaciones saludables, sin que ello signifique ser egoísta.

Sin embargo, para muchas personas con dependencia emocional establecer límites genera un miedo al rechazo y al abandono. La creencia de que poner límites es igual a ser egoísta puede obstaculizar el camino a la intradependencia. Por eso, parte de la metodología consiste en trabajar con el origen de ese malestar que resulta en un patrón de comportamiento, y así superar el miedo al abandono y reconocer que puedes obtener lo que necesitas sin sacrificar tu bienestar emocional.

Otro aspecto importante para la resignificación es abordar la intolerancia a sentir la intensidad de ciertas emociones. La incomodidad y el dolor emocional son sentimientos que a menudo se evitan, pero son esenciales para el crecimiento y la sanación. Los celos también pueden ser un desafío, porque están arraigados en los apegos emocionales a cosas, personas o relaciones de las que hemos dependido durante mucho tiempo. Identificar estos apegos es el primer paso para poder resignificarlos.

A menudo, los comportamientos dependientes tienen ganancias secundarias, como el papel de la víctima que te imposibilita y de alguna manera obliga a los demás a atenderte. Aprender a sentir y tolerar el dolor y la vulnerabilidad es un ejercicio importante para poder vivir en la realidad y la verdad de lo que acontece y es. La resignificación implica un cambio de enfoque fundamental de afuera hacia adentro, cambiando así también la perspectiva sobre el cuidado de ti. Muchas personas dependientes emocionalmente han pasado años sin saber cómo cuidar de sí mismas y satisfacer sus propias necesidades.

Este cambio se logra a través de la práctica diaria y la comunicación efectiva. Resignificar estas creencias nos revela nuestra capacidad para cubrir necesidades y cuidados, reconociendo que las decisiones y acciones que tomamos son fundamentales para nuestro bienestar y que las responsabilidades que evitamos nos generan ansiedad y preocupación. Al adoptar esta perspectiva y practicar estas habilidades, nos acercamos a una vida intradependiente.

Reconocimiento y miedo

Un paso importante dentro de la resignificación es reconocer y enfrentar nuestros miedos. Los miedos son los impulsores detrás de comportamientos como la procrastinación. Actuar con miedo es una conducta autodestructiva, y una vida gobernada por el miedo es una vida muy limitada, en la cual nos paralizamos y truncamos nuestra capacidad de disfrute y realización personal.

Cuando nos sentimos fuera de control, cuando parece que la vida nos supera, es cuando ha llegado una gran oportunidad para movernos de lugar y hacer algo al respecto. Reconocer que necesitamos ayuda o que podemos ayudarnos a nosotras mismas es una de las partes más liberadoras de esta metodología, que nos proporciona herramientas que nos permiten vivir de forma consciente y proactiva, en lugar de solo sobrevivir y reaccionar.

A menudo, cuando experimentamos dolor emocional o enfrentamos una realidad incómoda, tendemos a buscar formas de evasión o de distraernos. La pregunta importante es: ¿cómo nos fugamos de sentir y de ver la realidad? Resignificar estas estrategias de evasión es un paso necesario para abordar la dependencia emocional. Cuidar nuestras necesidades básicas es esencial para construir una vida saludable en el camino hacia la intradependencia. Esto implica adoptar una rutina que se centre prioritariamente en estar consciente de una misma y de nuestras necesidades.

Hay quienes pueden encontrar alivio en la meditación, el ejercicio, la música, mientras que habrá quienes prefieran otras actividades. La clave está en descubrir lo que nos hace sentir bien y tomar nota como parte de nuestra rutina. Uno de los desafíos más significativos para el dependiente emocional es confiar en su propio criterio y capacidad. La falta de confianza en una misma es un obstáculo importante. Aprender a confiar en nuestras respuestas internas y actuar de acuerdo con ellas es necesario para un autocuidado efectivo. Debemos identificar las necesidades emocionales que buscamos que otros satisfagan.

El miedo puede ser una poderosa fuente de motivación para cambiar. Cuando ya fue suficiente, lo utilizamos como empuje para hacer algo distinto en nuestra vida y hacernos cargo de nosotras mismas desde la intradependencia. Esto implica ubicar de qué cosas, personas o situaciones soy dependiente. Esto se manifiesta de diferentes formas, como depender del estado de nuestros hijos, de la aceptación de nuestra pareja, de la opinión de nuestra madre o de la atención y cariño de nuestras amigas. Resignificar implica identificar esta sintomatología como manifestación clara del malestar emocional, donde realmente está el origen. El autocuidado, la identificación de necesidades emocionales y la transformación del miedo en motivación son parte importante del camino hacia la intradependencia.

Analizar a fondo nuestros miedos y los comportamientos que adoptamos para evitar a toda costa enfrentar esas situaciones temidas nos permite resignificarlos. Un enfoque útil es crear una tabla que detalle cómo todo lo que hacemos o dejamos de hacer está relacionado con el control de los demás. Al hacerlo, podemos identificar patrones de comportamiento que nos mantienen atrapados en relaciones poco saludables, empezando por la relación con nosotras mismas.

El verdadero amor

En la búsqueda de vivir un amor verdadero es esencial comprender la naturaleza de un amor maduro y saludable. En una relación de amor madura la prioridad es una misma, sin descuidar al otro. Esto implica la capacidad de cuidarse, verse y reconocer las propias necesidades sin dejar de tomar en cuenta al otro. La base de este tipo de relación es el respeto mutuo y la honestidad, tanto con una misma como con la pareja. En una relación de amor madura se fomenta la confianza, generando tranquilidad, paz y un sentido de responsabilidad compartida. Cada individuo asume la responsabilidad de sí mismo y la relación se convierte en un espacio de crecimiento personal para ambos. Aquí el amor verdadero es recíproco e incondicional, donde se da sin esperar nada a cambio.

Es importante distinguir entre la dependencia emocional y la codependencia. Ambas ocurren en relaciones patológicas, pero la codependencia implica la tendencia a emparejarse con personas que requieren ser rescatadas, mientras que el dependiente emocional tiende a someterse a personalidades dominantes y egocéntricas. Esto puede llevar a idealizar a la pareja como una forma de evitar el abandono. La codependencia se manifiesta en la dificultad para experimentar niveles adecuados de autoestima, poner límites, asumir la propia realidad, satisfacer deseos personales y expresar la realidad con moderación y objetividad.

La dependencia emocional con frecuencia tiene raíces en experiencias tempranas de pérdidas afectivas, separación, violencia, alcoholismo o abandono. Como resultado, tendemos a consumir de forma compulsiva sustancias, comida, sexo, juego, ocupaciones o parejas, entre otras cosas. En nuestra elección de pareja repetimos patrones de comportamiento que nos son familiares, que ya conocemos, en un intento inconsciente de reparar o resolver las heridas del pasado. Esto puede llevar a una sensación de responsabilidad excesiva y a una necesidad de ayudar y cambiar a la pareja, lo que puede generarnos mucha ansiedad. En el corazón de la dependencia emocional se encuentra el miedo y la intolerancia al dolor emocional. Esto se manifiesta en una preocupación excesiva por el otro, la necesidad de controlar, ayudar y sentirse necesitado. También puede resultar en una fusión de identidades, donde perdemos nuestra individualidad para mantener al otro cerca, por lo que si este me abandona siento que yo no existo y no sé qué hacer con mi persona.

Resignificación

La resignificación es un proceso de comprender que la vida no gira en torno a nosotras. Implica la reflexión sobre las creencias que determinan tu capacidad para enfrentar la realidad, las pérdidas y los duelos, la tolerancia a la frustración, el sufrimiento y el dolor. Al resignificar podrás tolerar la realidad, cualquiera que esta sea, sin que esta determine tu sentir, entendiendo que el dolor es una parte de la naturaleza humana y la impermanencia es una realidad.

Marcela Cuevas

Nos damos cuenta de que nuestro control real radica en la forma en que vivimos la realidad y cómo procesamos nuestras experiencias. A medida que perdemos el miedo a sentir, descubrimos en qué y en quién podemos confiar. La confianza se nutre de la congruencia entre nuestras palabras y acciones, y reconocemos que nuestros valores son inquebrantables. Esto nos lleva a definir nuestros límites y comprender que no son negociables.

El propósito final de la resignificación es cambiar el objetivo en el que tenemos puesta nuestra energía y atención. Esto es fundamental. Desde la intradependencia, estamos conscientes y pendientes de nuestras propias necesidades, soltamos el control sobre los demás. En este punto, la pregunta: ¿qué voy a hacer con mi vida?, se convierte en un catalizador para ocuparnos de nosotras mismas y descubrir nuestra esencia. A medida que nos ocupamos de nuestras necesidades podemos perdonar y dejar de lastimar a otros con frustración y enojo contenidos, liberándonos de la culpa y el resentimiento acumulados.

En la resignificación, al cuestionar las creencias limitantes que nos han sido inculcadas a lo largo de la vida, nos encontramos con que estos miedos están basados en escenarios catastróficos que son infundados, sin tomar en cuenta que la mayoría de las veces lo que tememos no sucede. Al cuestionar estas creencias y reconocer que la mayoría de nuestros miedos están en el futuro o en el pasado somos capaces de liberarnos de ellos.

El valor de la autenticidad y la empatía

Aprender a ser auténtico implica permitir que el otro sea quien es y centrarnos en nuestros propios pensamientos, emociones y acciones. La vida comienza a cambiar cuando nos deshacemos del miedo y empezamos a relacionarnos con más fortaleza y amor. A través de la autenticidad descubrimos lo que nos gusta, disfrutamos y toleramos, y nos convertimos en individuos completos.

La autorreflexión se convierte en una herramienta poderosa para anticipar y comprender lo que está sucediendo en nuestro interior. Al identificar el origen de nuestro malestar, no se sale de control el paso de nuestras emociones y dejamos de temer al abandono, la agresión y otras amenazas. Preguntarnos cuál es la intención detrás de nuestras palabras y acciones nos ayuda a ser más conscientes de nuestras motivaciones y deseos.

La intradependencia nos permite vivir en la autenticidad y la libertad emocional. A medida que reconocemos nuestras creencias limitantes, gestionamos el miedo irracional y desarrollamos una autoconsciencia, nos liberamos de las ataduras del pasado y abrazamos la libertad de un futuro lleno de posibilidades.

En la dependencia emocional actuamos desde un lugar en el que esperamos algo a cambio; es un tema que se relaciona estrechamente con el concepto del amor. Cuando esperamos algo a cambio, nuestra motivación se convierte en necesidad y apego. Esto ocurre porque deseamos recibir algo a cambio de nuestros actos. Entonces lo que hacemos gira en torno a obtener lo que necesitamos de los demás, basándonos en la aceptación y el afecto.

La confrontación con la realidad es una lucha constante de la cual no logramos salir al sentirnos incompletas, vulnerables, insatisfechas, víctimas e incapaces. Tratamos de encontrar fundamentos sólidos para tener la razón, para que los demás nos comprendan, y para que reconozcan que no somos culpables de la situación. Queremos que el otro reconozca su maltrato hacia nosotros, pero aquí es donde cometemos un error. No es necesario que nos aseguremos de que el otro comprenda; quien nos maltrata somos nosotras mismas. La necesidad de que el otro asuma su responsabilidad por lo común no se cumple, ya que la realidad, las personas y la vida en sí misma nos muestran una y otra vez quiénes son.

Entregarte al cien por ciento en cualquier relación te coloca en una posición de desventaja ante los demás,

INTRADEPENDENCIA

porque te sacrificas a ti por darle al otro, cuando lo sano es dar lo mejor de ti sin pasar por encima de ti. Repetimos patrones que aprendimos de situaciones pasadas, y esta lucha no se gana. Ahí es donde reside el poder de cambiar tu propia realidad: siendo consciente de ti, modificas tu respuesta y tus acciones frente a las diferentes circunstancias que se te presentan.

Si alguien te ha agredido o lastimado y nunca te ha ofrecido disculpas, seguir esperando una disculpa solo te mantendrá atrapada en el papel de víctima. En lugar de esperar la disculpa de los demás, debes verte a ti para identificar qué de esa situación te afligió e identificar cuál es el origen real de tu malestar. El malestar o incomodidad no radica en lo que te sucedió en realidad, sino en el detonante cuyo origen está en las experiencias traumáticas que viviste en la infancia. De ahí la importancia de los ejercicios que hiciste al comienzo del libro para reconocerte y hacer conciencia de todo ello. Lo maravilloso en este punto es que te das cuenta de que está en ti el poder de erradicar tu sufrimiento y que nadie te hace nada, simplemente vamos reaccionando a situaciones en la vida adulta que reviven dolores primitivos no resueltos. Esta es la intradependencia.

La clave es dejar de buscar fuera de ti para escapar de la realidad y culpar a otras personas y circunstancias. En última instancia, asumir la responsabilidad de tu vida será una sensación de control verdadero sobre ti misma y cómo respondes a los estímulos externos que nunca habías experimentado. Esta es parte de la forma en que irás conectando con el poder y accederás a él cada vez que lo necesites, reconociendo que ser tú y conocerte profundamente te librará de volver a sentirte zarandeada por la vida.

Al ser consciente de la tendencia que todos tenemos a escapar de la realidad mirando hacia afuera y a culpar a otros podrás comprender que el poder para cambiar está en ti, en tu interior. Desde la intradependencia se disuelven tus miedos; con la certeza de ser y saber quién eres en realidad desaparece el sufrimiento y vives en libertad más allá de las heridas y las experiencias pasadas.

Para poder resignificar es necesario apegarse a la realidad, abandonando la idealización y la fantasía para tomar decisiones asertivas. A medida que avanzas en este proceso, te darás cuenta de que lo que importa es lo que ocurre dentro de ti, con lo cual sí puedes trabajar y modificar, y no lo que hagan o digan los demás. Si te centras en ti, ya no será tan amenazante ver las cosas y a los demás como son en realidad, porque tu bienestar ya no depende de ellos ni de nada fuera de ti.

La resignificación implica tomar la decisión de ver tu vida de manera objetiva y decidir con qué creencias te quedas, cuestionar si son ciertas o no, ver cuáles te funcionan y cuáles ya no, si son vigentes, y de alguna

INTRADEPENDENCIA

forma reacomodar tus creencias para liberarte de todas aquellas que son limitantes en tu vida. Con esto logras dejar de estar gobernada por el miedo y la inseguridad, y no permites que el actuar de otros te afecte, lo que te lleva a asumir la responsabilidad de tu propia vida. Al hacerlo, encontrarás la paz y la libertad que buscas, independientemente de las circunstancias externas.

En el proceso de resignificación comprendemos que podemos actuar desde el amor en lugar de la necesidad, siempre y cuando estemos dispuestas a trabajar en nosotras y en el origen real de nuestro malestar. Si alguien nos insulta, en lugar de reaccionar con agresión, habiendo resignificado, podremos entender que el actuar y decir del otro es solo una proyección de él mismo, que es solo un reflejo de cómo se siente y no es personal ni es mi problema. Podrás entonces, desde este contacto consciente contigo, responder con compasión, respeto y empatía. Cuando alguien nos agrede, podemos entender que algo en su interior se disparó para llevar a cabo esa acción. En lugar de entrar en una lucha interminable por quién tiene la razón, podemos ser conscientes de nuestras propias reacciones y corregirlas. Hacemos las cosas por nosotras mismas porque nos hacen sentir bien, no porque esperamos recibir algo a cambio.

Es importante recalcar que en la intradependencia no deja de ser sumamente relevante relacionarnos con los demás, porque somos seres sociales por naturaleza y es parte importante de la preservación de la salud mental de un individuo. Sin embargo, al lograr la intradependencia, la forma en que te relacionas será desde un lugar distinto y sano. Desde donde estás, actuando en conciencia de ti y responsabilizándote, dejas de reaccionar de manera mecánica e inconsciente, dejas de lastimar a los demás y de pasar por encima de ti.

Una vez que asumimos la responsabilidad de nuestras acciones y reconocemos las áreas en las que hemos lastimado a otros, tomamos medidas para enmendarlo. Esta autorreflexión nos lleva a actuar desde un lugar más genuino y empático. Conectadas con nuestra esencia podemos mostrar compasión, comprender al otro y tener consideración y paciencia. Nos damos cuenta de que somos inmunes a lo que otros hagan en el sentido de que comprendemos que no es personal, lo que significa que sus acciones ya no determinan nuestro estado de ánimo.

No es que no nos importen los demás; podemos ser empáticas y desde la conciencia de nuestra participación en lo que sucede podemos dar al otro lo que necesite, siempre y cuando nos consideremos en esa ecuación. Nos sentimos en paz con nosotras mismas y manejamos nuestra vida de manera efectiva. No podemos cambiar a los demás a menos que estén dispuestos a cambiar por sí mismos. La mayoría de las personas no se da cuenta de que existe la posibilidad de una vida plena y libre de sufrimiento. Muchas creen que la vida es una lucha constante en la que deben complacer siempre a los demás para obtener lo que necesitan. No obstante, existe una forma de vivir que va más allá de la supervivencia.

Es posible romper con estos patrones a través del autorreconocimiento y el trabajo personal que nos llevan a la intradependencia. Como dependientes emocionales, a menudo desarrollamos habilidades excepcionales para obtener lo que necesitamos en términos de afecto y atención. Sin embargo, pedir ayuda puede ser un desafío. Leer este libro y llevar a cabo la práctica de la metodología INTRA es un paso importante de amor propio, donde trabajamos en nuestro proceso.

Herramienta
Práctica de límites a través de la resignificación

Para este ejercicio, regresa a la radiografía que completaste después del primer capítulo. Dentro de esa radiografía, identifica todas las creencias limitantes que se desprenden de esa reflexión. Haz una lista de estas creencias. Para cada una de ellas, analiza en dónde se originó, por qué la consideras limitante y cómo puedes cambiar el enfoque de esa creencia para volcarla hacia el interior. A partir de este cambio de objeto, piensa en los límites que debes poner en tu vida para respetarte y meterte en la ecuación. Identifica y escribe los límites que son importantes para ti, recordando que son tuyos: tú los debes respetar, no son para forzar o tratar de controlar que otros se alineen a ellos. Si el otro no actúa de acuerdo con tus límites, tú puedes elegir cómo te relacionas con esa persona. Después de esto, reflexiona sobre los siguientes puntos:

1. Qué quiero.
2. Qué no quiero.
3. Qué me gusta.
4. Qué no me gusta.
5. Qué no estoy dispuesta a negociar.

CAPÍTULO 5

Acción

La práctica del método INTRA nos lleva a vivir desde la intradependencia. Muchas personas hemos vivido y crecido con comportamientos dependientes y relaciones poco saludables que normalizamos a lo largo de nuestra vida. En este punto ya has reconocido, comprendido y resignificado muchas de las razones de raíz que te han llevado a ser como eres y a vivir la vida como lo has hecho. El último paso es la *acción*. Con esto, quiero enfatizar que la intradependencia es una práctica diaria. Los cambios no se logran de la noche a la mañana, y si bien los primeros cuatro pasos son la base de la práctica, este último es el más importante. Hay que estar conscientes de nuestras creencias, acciones y reacciones para evitar caer en la respuesta mecánica y automática de nuestros patrones antiguos y vivir una vida desde la posibilidad, el empoderamiento genuino y la libertad desde la intradependencia. Para ello, debemos aprender a autorregularnos y tomar medidas concretas en torno a la autoconsciencia. En este capítulo exploraremos cómo vivir la intradependencia de manera práctica y efectiva, centrándonos en el autodescubrimiento, el autocuidado y la construcción de relaciones saludables.

Autorregulación y autocuidado

Para comenzar, es fundamental aprender a autorregularnos desde la conciencia de nosotras mismas para romper los patrones de dependencia. Esto implica identificar a qué estamos aferradas y reconocer los patrones que nos mantienen atrapadas en relaciones o comportamientos patológicos y autodestructivos. Estos patrones pueden incluir necesidad de control, falta de límites saludables, autoestima empobrecida, miedo al abandono o al rechazo, negación, minimización, y el papel del "rescatador". Los primeros pasos básicos se resumen en lo siguiente:

> *1. Cuidado físico.* Comenzar por cuidar de nuestra salud física es un primer paso esencial. Debemos alimentarnos nutritivamente y no a de-

shoras, hidratarnos, tener mínimo siete horas de sueño y descanso profundo, y hacer al menos 30 minutos de ejercicio físico cuatro veces por semana. Aprender a establecer límites saludables y comunicarlos de manera asertiva nos permite preservar nuestro bienestar y evitar niveles altos de estrés constante que resultan en enfermedad física y mental. Dejar de sobrecargarnos con responsabilidades que no nos benefician o que no son nuestra responsabilidad es parte de este proceso.

2. *Fortalecimiento de la autoestima.* Desarrollar hábitos de pensamiento y comportamiento desde la autoconsciencia que fomenten la confianza en una misma hacen crecer la aceptación y la valoración de nuestra esencia, lo cual es crucial. Parte de vivir desde la intradependencia implica dejar de maltratarnos, perdonarnos a nosotras y a los demás, con lo cual logramos liberarnos de los resentimientos y culpas que hemos acumulado.

3. *Construcción de relaciones saludables.* Empezar por centrarte en el trabajo consistente y en la construcción de una sólida relación contigo misma es fundamental. Buscar relaciones recíprocas, basadas en la comunicación clara

donde hablas de ti y de lo que tú necesitas, en el amor genuino sin esperar algo a cambio y en el respeto mutuo, nos permite tener relaciones saludables y satisfactorias. Además, así seremos capaces de identificar la motivación real para relacionarnos con alguien que nos ayude a estar en la realidad y a abandonar expectativas poco realistas.

4. *Participación en terapia o grupos de apoyo.* La experiencia de una terapia individual, grupos de apoyo o talleres especializados es muy enriquecedora, tengamos o no problemas que resolver. Es una excelente forma de adquirir habilidades y hábitos que fomenten la intradependencia. La dependencia no solo tiene que ver con las personas, sino también con la aprobación, la atención, las relaciones profesionales o las ideas. Estos entornos psicoterapéuticos nos dan la oportunidad de compartir vivencias, escuchar desafíos similares y encontrar inspiración en el éxito de otras personas en un ambiente seguro y contenido.

Con esta práctica, en algún momento te darás cuenta de que estás viviendo la intradependencia. Es probable que en la columna central del siguiente cuadro reconozcas algunos de los comportamientos que tenías antes, pero la meta es alcanzar el estado que se describe en la columna del lado derecho.

ASPECTO	DEPENDENCIA EMOCIONAL	INTRADEPENDENCIA
Autoestima	La autoestima puede ser baja y fluctuar según la aceptación y atención de otros.	Tienen una autoestima sólida y se valoran y cuidan a sí mismas de manera independiente.
Límites	Tienen dificultades para establecer límites saludables y comunicar sus necesidades.	Son capaces de establecer límites y comunicar sus necesidades de manera asertiva.
Miedo al abandono o rechazo	Experimentan un temor intenso al abandono o al rechazo, lo que puede llevar a comportamientos autodestructivos y a la búsqueda constante de validación.	Aunque pueden experimentar temor, no alteran sus relaciones y decisiones. Tienen herramientas para trabajarlo, sabiendo que el origen del malestar está en sí mismas.

ASPECTO	DEPENDENCIA EMOCIONAL	INTRADEPENDENCIA
Negación y minimización	Tienden a minimizar problemas en la relación y a negar o normalizar señales de que algo está mal, eligiendo y permaneciendo en relaciones disfuncionales.	Son capaces de identificar el maltrato y el abuso haciendo elecciones sanas de pareja. Se responsabilizan por su participación en lo que pasa en sus relaciones, tomando decisiones conscientes y saludables.
Foco en el afuera	Centran su atención en la aprobación externa y la búsqueda constante de satisfacción fuera de sí mismas. No se hacen cargo ni quieren ser responsables de sí mismas ni de sus actos.	Mantienen contacto consigo mismas en conciencia y atención de sus necesidades, priorizando su autocuidado. Son responsables de sí mismas y sus acciones.

La comunicación intrapersonal

Una comprensión profunda de la dependencia emocional es esencial para iniciar el proceso de cambio. Comprender en detalle cómo esta dependencia ha afectado nuestra vida y nuestras relaciones es el primer paso hacia la intradependencia. Esto no solo involucra analizar nuestras relaciones con los demás, sino primordialmente la relación que tenemos con nosotras mismas. Es en este punto donde debes cuestionarte si crees necesitar ayuda profesional, ya que trabajar de manera personalizada en el cambio de patrones puede ser muy beneficioso.

La autorreflexión constante como un hábito de vida es una herramienta valiosa en el proceso de la intradependencia. Todos los días debemos tomarnos un tiempo para reflexionar sobre nuestro estado emocional, nuestros comportamientos, pensamientos y emociones. Esto nos permitirá identificar los patrones dependientes que ya hemos reconocido y las áreas en las que deseamos mejorar. La autorreflexión nos ayudará a identificar los desencadenantes que activan nuestra dependencia emocional en la vida adulta, permitiéndonos responder de manera consciente en lugar de reaccionar impulsivamente, además de no depender de nada ni de nadie para nuestras necesidades, porque tenemos acceso a nuestro propio poder.

En términos de comunicación, aprender a respetar mis límites y hacerlos respetar de forma saludable es un paso importante. Esto implica la capacidad de comunicar nuestras necesidades y fortalecer nuestra habilidad para decir "no" sin sentirnos culpables. Establecer límites sin pasar por encima del otro desde una postura de priorización personal y cuidado propio es esencial; significa ver por nuestra propia salud y bienestar sin dañar a los demás. Debemos practicar las habilidades de comunicación que nos permiten expresar nuestros sentimientos y necesidades de manera clara, hablando desde nuestras necesidades.

Después de practicar la autorreflexión y la comunicación de límites saludables, podemos avanzar hacia la construcción de relaciones saludables. Estas relaciones deben tener su referencia en la relación que tenemos con nosotras mismas. Esto implica permitir que el otro y nosotras tengamos espacio para el crecimiento individual y conjunto, manteniendo el respeto mutuo y la reciprocidad en el centro.

En este sentido, es útil entender la diferencia entre el amor y el apego. Cuando tenemos claridad en esta distinción, podemos practicar el amor incondicional en nuestras relaciones. Esto implica hacerlo sin esperar nada a cambio, sin comprometer nuestra integridad. Este tipo de amor es enriquecedor y no resta; es una forma saludable de relacionarnos.

Por último, debemos practicar la aceptación de nuestra propia historia y experiencias pasadas, así como la de los demás, ya sean nuestros seres queridos, parejas o hijos. Esto no solo implica aceptación, sino también el perdón, comprendiendo que son parte del pasado para reconocerlas y resignificarlas; soy capaz de dejarlas ahí en el pasado sin que sigan determinando quién soy y cómo vivo mi presente. Debemos perdonarnos y vivir con compasión y paciencia, en lugar de seguir lastimándonos y maltratándonos a nosotras y a otros, como resultado del resentimiento acumulado. De esta forma nos liberamos de cargas emocionales que contribuyen a nuestro malestar, como la culpa, la vergüenza y los resentimientos, que son un obstáculo para encontrar la liberación que buscamos.

La resiliencia

La resiliencia es un factor que contribuye a la intradependencia. La resiliencia emocional nos permitirá atender el origen real de nuestro malestar, del cual hemos huido durante mucho tiempo. Aprender a manejar estas emociones implica reconocerlas y permitirnos sentirlas. La práctica constante del amor propio, la conciencia de sí, la compasión y la paciencia se convierten en aliados valiosos en este proceso.

Este proceso lleva tiempo y esfuerzo. El camino hacia la intradependencia te permite ser más consciente de ti misma y de las mejoras que a raíz de esto irás experimentando en el camino. Te ayuda a comprometerte con tu bienestar, siendo amable contigo en cada paso que das.

Cuidar de tu cuerpo es parte de vivir desde la intradependencia. El dependiente emocional está acostumbrado a vivir con el malestar, normalizándolo y enfocando su atención afuera y no dentro de sí, ignorándose a sí mismo y a las señales de su cuerpo. Tu cuerpo te sostiene y te sostendrá durante toda tu vida, trabajar en escucharlo y atenderlo es una prioridad. Dedica tiempo al ejercicio, busca atención médica si es necesario, pero también aliméntate sanamente y pon atención en lo que consumes, con quién te juntas, qué ves, qué escuchas, qué te dices y cómo te tratas. Cuando logras priorizar el descanso adecuado, una alimentación saludable, mantenerte hidratada, hacer ejercicio y establecer metas realistas consistentemente, se produce una transformación absoluta en tu vida y tu estabilidad.

En términos de la identificación y los pensamientos negativos es importante reconocerlos sin juzgarte y comprender que has tendido a fantasear e idealizar, distorsionando tu realidad como medio de supervivencia. Cuestionar tus pensamientos, evaluar si son válidos y reales, es una buena forma de romper con el ciclo recurrente y compulsivo de los pensamientos catastróficos. A menudo, has sido esclava de estos pensamientos que generan ansiedad por cosas que rara vez suceden. En lugar de luchar contra estos pensamientos, acéptalos dejándolos estar y cuestiónalos de tal manera que te asegures de que sean pensamientos basados en la realidad. Aprende a vivir en el momento presente y a darte cuenta de que estás a salvo y bien, y que estos pensamientos no son útiles para lo que estás viviendo en ese momento.

Nuestra autoestima está muy relacionada con lo que nos rodea, con la realidad que vamos construyendo cada día y con las relaciones que mantenemos. Lo que alimenta nuestra autoestima tiene un gran impacto en la calidad de vida que experimentamos. Fomentar nuestra calidad de vida implica rodearnos de personas que nos apoyen, valoren y no requieran un esfuerzo constante de nuestra parte. Estas personas nos recuerdan nuestra esencia y nos brindan un entorno en el que podemos crecer. También implica elegir no estar en situaciones que no sean favorables para nuestra tranquilidad, bienestar y paz mental, como convivir con personas que nos hacen sentir incómodas o tolerar insultos.

Establecer metas realistas

A menudo, nos juzgamos y nos exigimos la perfección, lo que lleva a metas poco realistas y difíciles de alcanzar. Establecer metas alcanzables nos permite experimentar un sentido de logro, construyendo la confianza

INTRADEPENDENCIA

en nosotras mismas. También nos ayuda a vernos con compasión y a avanzar. Al hacerlo, descubrimos hacia dónde podemos crecer y dirigir nuestra vida, basándonos en nuestras fortalezas y habilidades.

Parte de establecer metas realistas está en ser asertivas con nosotras mismas y con los demás. Con frecuencia, hemos estado en múltiples flancos para obtener la aprobación y satisfacción de los demás. La asertividad nos enseña a expresar nuestras opiniones y deseos de manera respetuosa y clara. Al hacerlo, es importante comunicarme hablando de mí, de lo que yo siento y yo necesito, sin pasar por encima de nadie más, fortaleciendo así nuestra autoafirmación y autoestima. A medida que construimos esta habilidad, evitamos situaciones comprometidas que generan malestar.

Esta parte del proceso se enfoca en descubrir nuestros talentos, pasiones y habilidades. Haciendo elecciones diarias basadas en actividades que nos apasionan y que nos ayudan a expresarnos de manera auténtica aumentamos nuestra confianza en nosotras mismas y por ende nos relacionamos con personas que resultan ser afines a quienes somos, así fomentamos relaciones profundas y significativas por atracción natural. Relaciones donde no tengo que ser otra persona, ni complacer para tener la reciprocidad de una relación saludable. Una relación donde se da un entendimiento natural al compartir los mismos valores, donde se puede ser una misma, y es eso lo apreciable y liberador de la intradependencia.

Es importante recalcar que reconocerme y darme prioridad implica hacerme responsable de mí, en total conciencia del otro y de mis actos, donde no paso por encima de nadie, al cuidar de mí y ver por mis necesidades. Siendo intradependiente entiendo que está en mí lo que necesito y hacerlo no es a costa de nadie más. Esta exploración nos permite priorizarnos y construir una vida que refleje lo que queremos ser y lograr.

La gratitud

La gratitud desempeña un papel transformador para personas con una autoestima disminuida, ya que suelen ser muy críticas consigo mismas y tienden a enfocarse en lo negativo. Son personas que suelen sentirse insuficientes y poco merecedoras. Practicar la gratitud a diario, enfocar la atención sobre las cosas positivas, lo que sí son, lo que sí tienen, lo que sí pueden, les permite cambiar su enfoque hacia la abundancia y ampliar su panorama de posibilidades para hacer de sí mismas y de su vida una obra de arte.

Esto les permite salir del papel de víctimas, donde quedan atadas de brazos al tener la convicción de que su sufrimiento es por lo que les pasa y les hacen, sin tomar responsabilidad de su participación en todo lo que las rodea y así poder hacer algo al respecto. Esta actitud de aprendizaje y crecimiento constante es lo que necesitamos para tener oportunidades de aprender y desarrollarnos personalmente, ampliando nuestro conocimiento de nosotras mismas y nuestras habilidades para construir la vida que siempre hemos soñado.

Desde esta perspectiva, podemos visualizarnos y reafirmarnos, encontrar la motivación para vivir a plenitud y reafirmar nuestro valor y logros. Lo importante en la intradependencia no es una constante persecución de nosotras mismas para cambiar, sino vivir desde nuestra esencia para construir una vida plena, con todo lo que sí somos y tenemos. Ahí nace el empoderamiento y la libertad que son el centro de la intradependencia. Este ejercicio nos ayuda a vernos y tratarnos desde otra perspectiva, fortaleciendo una autoimagen positiva, permitiéndonos tener la humildad de pedir ayuda cuando la necesitamos.

Meterte en la ecuación

Uno de los desafíos en el camino hacia la intradependencia es aprender a cuidar de una misma sin dañar a los demás. A menudo, el temor más profundo al abandono se activa cuando consideramos la idea de herir o decepcionar a otros. Sin embargo, la comunicación clara y honesta, hablando de mí, de cómo me siento, es una forma empática de cuidar de nosotras mismas sin herir a nadie. Esto implica una escucha activa, que muestra un interés genuino y toma en cuenta los sentimientos y las perspectivas de los demás, en busca de un beneficio mutuo.

El equilibrio adecuado implica considerar tanto nuestras necesidades como las de los demás, practicando la empatía al comprender sus emociones y perspectivas, pero siempre metiéndonos en la ecuación. Es decir, siempre tomando en cuenta cómo me siento, qué quiero y qué no quiero en cada decisión que tomo, por más pequeña que sea. De esta forma rompemos el ciclo autodestructivo de ponernos en situaciones incómodas donde pasamos por encima de nosotras mismas sin darnos cuenta hasta que ya estamos llenas de resentimiento hacia el otro, pero en realidad ese resentimiento se vuelca hacia adentro por no poder poner un alto. Aprendemos a negociar de manera constructiva. Este enfoque nos asegura que nuestras acciones y decisiones no causen daño a los demás y estén alineadas con nuestros valores éticos y morales, manteniendo en todo momento una comunicación abierta y respetuosa.

Las creencias limitantes actúan como obstáculos que nos impiden vivir en armonía con nuestra esencia. Para

INTRADEPENDENCIA

superar esto, es necesario reconocernos para desde la intradependencia ser tal cual somos en esencia sin temor a incomodar a otros. Desarrollamos la habilidad de nutrirnos en pro de nuestra salud y bienestar, eligiendo con cuidado lo que consumimos emocional, mental, física y espiritualmente. En este proceso, reconocemos que estamos aprendiendo, descubriendo nuestras creencias limitantes arraigadas desde la infancia y adoptando perspectivas basadas en la realidad.

No hay nada tan liberador como la intradependencia, gracias a la cual eres dueña orgullosa de ti misma y de tu vida. A medida que aprendemos a escuchar y respetar nuestro cuerpo en primera instancia, actuamos en consecuencia, entendiendo que nuestro estado se determina en gran medida a partir de nuestros pensamientos y acciones, fundadas en nuestras creencias más arraigadas. Por ejemplo, el que hay que aguantarse de actuar o expresar mi desacuerdo, por no quedar mal con los demás en esta búsqueda incansable de aceptación y pertenencia.

El éxito para lograr la intradependencia radica en ser tú en lugar de seguir intentando ser lo que creías que era aceptable y acumular posesiones materiales. Es una transformación de reconocimiento interno que nos completa. En la intradependencia es necesario practicar para crear el hábito de vivir desde la autenticidad y el autorreconocimiento como parte clave de este proceso. Aprendemos a ser conscientes de nosotras mismas y al hacerlo estamos más conscientes de los demás, creamos un espacio para la colaboración y el apoyo mutuo. Encontramos motivación y propósito en el viaje de la vida que estamos construyendo.

La resignificación implica cambiar la forma en que percibimos y asignamos significado a las cosas. Nuestras creencias previas pueden haber causado sufrimiento, pero ahora en la práctica de la intradependencia tenemos la oportunidad de reordenar esas creencias. Aprendemos a aventurarnos en nuevas perspectivas y a reconocer que existen mejores opciones para vivir y dejar de sobrevivir. Este proceso implica una pérdida, pero nos permite avanzar hacia un lugar más saludable y libre.

El sufrimiento es en gran parte una creación nuestra por la gran dificultad de aceptar la realidad de las cosas como son. Siempre tratando de negar, evitar, evadir o ignorar lo que no se acomoda a lo que yo creo y necesito, una lucha incansable e interminable. La clave está en trabajar para lograr una visión real de nosotras mismas. A medida que nos reconocemos y nos amamos, podemos identificar nuestras imperfecciones sin ser aplastadas por ellas, conciliando con lo que sí soy, sí tengo y sí puedo. Nos damos cuenta de que somos responsables de nuestro propio sufrimiento y que tenemos el poder de amar nuestra percepción de nosotras mismas. En la intradependencia esta práctica tiene un impacto maravilloso en tu vida y en la de los que te rodean, ya que puedes relacionarte desde la compasión y el amor incondicional, porque lo que pasa en la vida o como actúa el otro ya no te desconcierta ni te hace sentir fuera de control.

Claves para practicar la intradependencia

En esta última sección abordamos claves fundamentales para la búsqueda personal en la práctica de la intradependencia. Veamos cada uno de estos aspectos con más detalle:

1. **Desvelando las fantasías.** Gran parte de lo que hemos aprendido y creído a lo largo de nuestra vida se basa en fantasías generadas por nuestra propia mente. A menudo nuestra cabeza teje narrativas que no reflejan la realidad. Romper con estas fantasías, cuestionando nuestras creencias y pensamientos, así como practicando estar en el momento presente y por ende pegadas a la realidad, es un paso esencial hacia la intradependencia.

2. **Dejemos estar nuestras emociones.** Cuando negamos, reprimimos, evadimos y no dejamos salir nuestras emociones, estas se manifiestan de alguna forma en nuestra salud física y mental. Ser consciente de lo que sientes te genera miedo o malestar al principio, pero permitirte experimentar el llanto, por ejemplo, es una forma natural de liberar emociones y sanar. Ignorar tus emociones te lleva a una vida llena de sufrimiento.
3. **Desnormalizando la toxicidad.** A veces crecemos en entornos tóxicos y llegamos a creer que esta es la norma. Es fundamental identificar las circunstancias no saludables de manipulación, falta de respeto y consideración, agresión y abuso; hay que buscar un nuevo referente sano basado en la realidad, el cual logras practicando la intradependencia para llevar una vida equilibrada.
4. **Construyendo relaciones de confianza.** Aprender a identificar a las personas en quienes podemos confiar es un elemento clave en la intradependencia. Hablar abiertamente y en voz alta de ti, de tus pensamientos y emociones te ayuda a encontrar la claridad y a construir relaciones significativas con aquellos que son dignos de confianza.

INTRADEPENDENCIA

5. *El poder de la resiliencia.* En tiempos de estrés, la resiliencia se convierte en una herramienta invaluable. Conectar con otros, en primera instancia, será una práctica de vida desde donde me honro y durante situaciones difíciles fortalezco mi capacidad resiliente, nutriendo el amor propio.
6. *La responsabilidad personal.* La forma en que piensas y te relacionas contigo misma es un factor determinante en la intradependencia. Dejar de dar poder a otros, idealizándolos o culpándolos, y asumir la responsabilidad de tu propia felicidad es lo que te lleva a vivir en libertad y sin dependencias. Recuerda que solo tú puedes llenar el vacío en tu interior.
7. *Resignificando creencias limitantes.* Reconocer y darles un sentido realista a las creencias limitantes es una parte fundamental para poder vivir en el momento presente en la realidad, sea cual sea, sin que te revuelque. Las creencias inconscientes pueden aniquilar tus oportunidades de crecimiento y ser generadoras de sufrimiento.
8. *El valor del presente.* Vivir en el presente es un enfoque clave para dejar de obsesionarte con pensamientos recurrentes catastróficos del pasado o el futuro, así como con la obsesión

por una relación idealizada, ya que te permite apegarte a la realidad. Este libro te ha proporcionado las herramientas que necesitas para responsabilizarte de ti misma, has aprendido a satisfacer tus necesidades, a cuidarte y a cada día alcanzar la vida que siempre soñaste, al tiempo que te liberas de la necesidad de que alguien más se haga cargo de ti.

9. *Reconocimiento y amor propio.* El amor propio es la base de cualquier relación saludable. En la intradependencia, reconocerte, darte prioridad y amarte te permite relacionarte desde un lugar de independencia y fortaleza en lugar de uno de miedo y dependencia.

10. *Desarrollo de hábitos diarios.* Desarrollar hábitos te permite vivir en libertad y desde tu poder de intradependencia. Día con día trabajas para actuar en lugar de reaccionar, desarrollando poco a poco patrones saludables en concordancia con tu esencia.

Estos puntos clave te guiarán en tu práctica de la intradependencia, empoderándote para tomar el control de tu vida y tus relaciones. El autorreconocimiento, la resiliencia y el amor propio son las piedras angulares de esta transformación. A medida que pases de la dependencia emocional y fortalezcas tu intradependencia, comenzarás a experimentar la atracción y la admiración que emanan de una persona segura de sí misma.

No hay nada más atractivo que una persona que se respeta y se valora. Al aprender a amarte y respetarte genuinamente comenzarás en tus relaciones a sentirte atraída y atraer a personas sanas en congruencia con tu esencia, que de verdad te valorarán por quién eres. Este capítulo se trata de ser auténtica y fiel a ti misma, sin preocuparte por lo que los demás puedan pensar de ti. A medida que practiques la intradependencia y te des cuenta de que puedes ser tú misma, te conectarás con tu sensualidad y feminidad de una manera que jamás habías conectado y lograrás empoderarte.

Tu autorreconocimiento y autenticidad te liberarán del peso de las expectativas ajenas y te permitirán caminar con la cabeza en alto. Comenzarás a experimentar una claridad sobre lo que en realidad deseas y mereces en la vida y en tus relaciones. En este punto, comprenderás que todas las experiencias que has vivido te han moldeado y te han llevado a convertirte en la persona que eres en la actualidad.

En la intradependencia la confianza en ti misma te llevará a confiar en tus instintos y a reconocer que, en última instancia, solo necesitas conocer el acceso constante a ti para ser feliz y plena. A medida que te conectas con tu verdadero yo y te escuchas, atiendes tus miedos y las inseguridades se desvanecen. Comprendes que, aunque puedas enfrentar momentos difíciles y desafiantes, tienes la fortaleza y la resiliencia para trascenderlos. La intradependencia te lleva a aceptar la realidad tal como es, sin resistencia, lo que te brindará una profunda sensación de empoderamiento, paz y equilibrio.

Herramienta
Calendario de hábitos

Este calendario está diseñado para ayudarte a romper con patrones de dependencia emocional, promoviendo una relación saludable contigo misma y con los demás desde la intradependencia. Integrando y practicando una nueva herramienta cada semana, durante unos meses, lograrás integrar un hábito diferente en tu nueva forma de vivir.

1. Practica recordar cada día tres cosas por las que estás agradecida, idealmente puedes escribirlas.
2. Practica respetar tus límites, estableciéndolos al decir que "no" por lo menos a una situación incómoda o compromiso al que no quieras ir.
3. Dedica una hora a hacer algo que disfrutes o te apasione.
4. Realiza una actividad física que te guste: baile, yoga, caminata, etcétera.
5. Identifica y comparte con quien tú quieras una o algunas de las emociones que generalmente ocultas.
6. Escribe al inicio de la semana una carta a ti misma, donde expreses cómo te sientes, qué nece-

sitas y cómo puedes proveértelo, al reconocer tus fortalezas.
7. Apaga las notificaciones del teléfono durante dos horas al día.
8. Busca información sobre un tema que te interese, pero no hayas explorado, y adéntrate en él a lo largo de la semana.
9. Habla de ti con quien necesites hacerlo, expresa qué necesidades tienes y cómo quisieras que sean atendidas en concreto.
10. Medita haciendo conciencia de ti y practica respiraciones profundas (inhala en 4 tiempos, retiene en 6 y exhala en 8) durante 10 minutos diarios.
11. Haz una actividad que te haga sentir orgullosa.
12. Invítale un café a una persona que te suma y con quien te sientes bien.
13. Lee o escucha un podcast de desarrollo personal o autoayuda 20 minutos diarios.
14. Practica una sesión de autocuidado (baño relajante, cuidado de la piel, etcétera).
15. Mírate al espejo con compasión y habla contigo misma de aquello que aprecias de ti a diario.
16. Haz una actividad que nunca hayas hecho antes. Por ejemplo, ir al teatro o a un concierto de música clásica una vez a la semana.

INTRADEPENDENCIA

17. Identifica y escribe tres cosas que te hacen única y especial.
18. Desconéctate de las redes sociales durante todo un día de esta semana.
19. Escucha música que te haga sentir empoderada y de buen humor.
20. Identifica todos los días un error que hayas cometido, reconócelo para aceptarlo, sin juzgarte, observándolo y trayéndolo a la conciencia.
21. Pasa 20 minutos en silencio, sin distracciones (celular, libro, música, etcétera).
22. Revisa con ayuda de una alarma, tres veces al día, que te encuentras en el momento presente, haciendo conciencia de dónde estás, qué haces y cómo te sientes.
23. Escribe un objetivo a corto plazo y cómo alcanzarlo una vez a la semana.
24. Escribe cómo has resuelto un problema de manera independiente una vez por semana.
25. Reflexiona y haz conciencia sobre tres cosas que mereces y cómo puedes dártelas.
26. Realiza una actividad al aire libre para conectar contigo misma a través de la naturaleza.
27. Haz una limpia de tu espacio y regala o tira objetos que ya no utilices.
28. Haz algo por alguien más sin esperar nada a cambio.

29. Observa cómo están tus relaciones interpersonales hoy e identifica cuál es tu participación en lo que está pasando.

30. Celebra un logro con una persona que quieres.

Calendario de hábitos

Escribe tres cosas que agradeces.	Di "no" a una situación incómoda al día.	Dedica una hora a hacer algo que disfrutes.	Realiza una actividad física que te guste.	Comparte con quien necesitas una emoción que ocultas.	Escríbete una carta a ti misma: cómo te sientes y qué necesitas.
Apaga las notificaciones del teléfono por dos horas diarias.	Busca información sobre un tema que te interese.	Expresa tus necesidades con quien necesites hacerlo.	Medita haciendo consciencia de ti y haz respiraciones.	Haz una actividad que te haga sentir orgullosa.	Invítale un café a alguien que te sume y haga sentir bien.
Escucha un podcast de desarrollo personal 20 mins. diarios.	Practica una sesión de autocuidado.	Mírate al espejo y di lo que aprecias de ti.	Haz una actividad que nunca hayas hecho antes.	Identifica y escribe tres cosas que te hacen única y especial.	Desconéctate de redes sociales todo un día esta semana.
Escucha música que te haga sentir de buen humor y empoderada.	Identifica un error que cometiste y practica aceptarlo sin juzgarte.	Pasa 20 mins. en silencio, sin distracciones.	Checa con alarma, tres veces al día, estar en el momento presente.	Escribe un objetivo a corto plazo y cómo alcanzarlo.	Escribe cómo has resuelto un problema de manera independiente.
Refelxiona sobre tres cosas que mereces y cómo puedes dártelas.	Realiza una actividad al aire libre para conectar contigo misma.	Haz una limpia de tu espacio y regala o tira lo que ya no uses.	Haz algo por alguien más sin esperar nada a cambio.	Observa cómo están tus relaciones e identifica tu participación.	Celebra un logro con una persona que quieres.

Conclusión

Hemos llegado al final de nuestro recorrido por los cinco pasos de la metodología INTRA y la comprensión profunda de la práctica de la intradependencia. Pero este no es el final, sino el inicio de una nueva forma de vida que debes practicar todos los días.

A partir de nuestra exploración de la individualidad, necesidades afectivas, toma de conciencia, resignificación y acción, en este momento espero que tengas claro lo que implica este cambio radical en la manera de ver la vida y las relaciones con los demás. Si bien entender esto es fundamental, recuerda que la intradependencia no es una teoría sino una *práctica*.

INTRADEPENDENCIA

En esencia, la intradependencia implica un cambio en el foco de atención, en el objeto al que dedicamos nuestra energía y fuerza todos los días. Con esto dejamos de buscar validación, amor y satisfacción fuera de nosotras mismas y nos volcamos hacia nuestro propio ser, donde se encuentra todo lo que necesitamos.

El concepto de cambiar el enfoque del exterior al interior puede parecer simple en primera instancia, pero su profundidad y significado trascienden cualquier explicación superficial. Es un cambio fundamental en la forma en que experimentamos el mundo y nuestras relaciones con los demás; uno que nos permite experimentar una vida auténtica y plena. Con este cambio de enfoque, estamos reconociendo nuestra propia valía, la capacidad que tenemos para crear nuestra realidad y para amarnos y amar al otro incondicionalmente. Tenemos ahora acceso a nuestro poder y esto genera una paz y una tranquilidad radical, una libertad sin precedente.

Al principio del libro, hablamos sobre cómo la dependencia emocional hace que transitemos la vida con inquietud y desesperación constantes generadas por el miedo de que nuestras necesidades afectivas no sean cubiertas por algo o por alguien del que dependemos. En vez de vivir, sobrevivimos en ese constante miedo al abandono y a la necesidad de validación. La intradependencia te permite finalmente habitar tu espacio y entorno desde el reconocimiento que cambia por completo tu percepción de ti, de la vida y de tu forma de relacionarte.

No tienes que tratar de ser nada, sino dejarte *ser*, liberar y vivir tu esencia y acceder a tu poder. Este poder te libera para que dejes de vivir tratando de resolver, controlar, manipular o ser alguien más; puedes vivir en la tranquilidad y plenitud de la seguridad de ser tú, sin más ni menos. Esto representa un respiro y descanso de la lucha incansable de la dependencia emocional.

Con esta claridad sobre quién eres y hacia dónde te diriges, establecer límites y respetarlos se vuelve mucho más sencillo. Lo que es destructivo se torna evidente, y resulta fácil identificar lo que te hace bien y construir con base en eso. Al alinearte con tus valores, puedes empezar a reconocer qué te define y contribuye a tu crecimiento. Al no depender del otro, detectas dónde reside la satisfacción que necesitas sin culpa ni prisa, de forma natural y sin esfuerzo, evitando situaciones que te generan malestar.

Con la práctica de la intradependencia ves tu realidad con claridad. Ahora tienes la responsabilidad de decidir qué hacer con esa realidad. ¿Qué deseas hacer con quien eres en este momento? Este proceso te libera de la ansiedad, pues identificas rápidamente lo que te hace daño y eliges lo que es bueno para ti en función de la vida que estás construyendo.

INTRADEPENDENCIA

Aprendes a soltar el control sobre lo que está fuera de tu alcance y te concentras en cuidar de ti. Reconoces que solo puedes ser responsable de tus propias acciones y emociones, y no puedes cambiar nada ni a nadie. Al actuar desde el amor incondicional hacia ti y hacia los demás te enfocas en tu bienestar sin esperar nada a cambio. Disfrutas de la compañía de otros, pero no dependes de ella para disfrutar y estar bien. Reconoces tus limitaciones y te comprometes a hacer una obra de arte con lo que sí eres, sí tienes y sí puedes.

Cuando priorizas tu bienestar, todo lo demás tiende a armonizarse. Entiendes que tu ejemplo es la mejor enseñanza para quienes te rodean, pero ya no te afecta si cambian o no. Te das cuenta de que no puedes controlar lo que sucede fuera de ti, pero sí puedes controlar cómo reaccionas ante ello.

Desde la intradependencia comprendes la importancia de priorizar dedicarte tiempo y cuidado. Al hacerte responsable de tu bienestar físico, emocional y espiritual tienes total claridad de lo que quieres y necesitas, y fluyes sin esfuerzo por la vida. Identificas qué te nutre y te revitaliza y cuidas de qué te alimentas en diferentes planos cada día.

Es normal que en ocasiones caigas en patrones antiguos asociados a la dependencia emocional, ya que el trabajo hacia la intradependencia no es lineal y toma tiempo. Sin embargo, ahora eres mucho más consciente de dónde, por qué y, sobre todo, cómo proceder, ya que cuentas con todas las herramientas del método INTRA para lograr la intradependencia. Si en cualquier momento sientes que necesitas ayuda extra, puedes acudir a las otras herramientas que ofrezco en mi plataforma: libros, cursos e incluso terapias grupales. También puedes regresar a las herramientas que te proporciona este libro.

La metodología INTRA te da todo lo que necesitas para vivir desde la intradependencia, en plenitud y autenticidad. Puedes volver a leer y practicar las herramientas cuantas veces lo necesites hasta que esta práctica sea parte natural de tu vida. Has llegado al final de este libro, y al inicio de una vida plena, con acceso a tu poder; estás lista para construir tu propia obra de arte.

Esta obra se terminó de imprimir
en el mes de octubre de 2024,
en los talleres de Impresora Tauro, S.A. de C.V.
Ciudad de México.